Roland Steinle

...

ÜBERLEBEN!

...

Krisenvorbereitung und -bewältigung
in Theorie und Praxis

Copyright Text © Roland Steinle 2017
Alle Rechte vorbehalten.
Coverbild: Thomas Cole, The Course of Empire –
Destruction, 1836
(Public Domain)
Herstellung und Verlag: BoD - Books on Demand, Norderstedt

ISBN 978-3-7431-9683-4

INHALT

Allgemeine Krisenvorsorge — 7

   1 Theorie und Praxis — 8
   2 Die drei Krisenklassen — 9
   3 Drei Schritte, eine Krise zu überleben — 10
   4 Fokusse der Vorbereitung — 10
   5 Sozialer Raum – Krisenraum — 14
   6 Schutzreflex des sozialen Raums — 14
   7 Echte und falsche Krisen — 15
   8 Krisenbewältigung im Drei-Schritt:
   Sehen, Verstehen, Handeln — 16
   8.1 Sehen — 16
   8.2 Verstehen — 22
   8.3 Handeln — 26
   9 Vorteilhafte Fähigkeiten und Verhaltensweisen — 27
   9.1 Feuer machen — 28
   9.2 Eine Wohnung finden/bauen — 29
   9.3 Kleidung instand halten — 32
   9.4 Schuhwerk/ Socken — 34
   9.5 Werkzeuge herstellen/ instandsetzen — 35
   9.6 Was in meiner Gegend essbar/ nutzbar ist — 37
   10 Der krisenfeste Leib — 39
   10.1 Ausdauer — 39
   10.2 Beweglichkeit — 40
   10.3 Reflexe/ Koordination — 42
   10.4 Kraft — 44

11 Krisenbewältigung im Kopf	46
11.1 Psychische Stabilität: Einstellungssache	46
11.2 Kommunikationsfähigkeiten	50
11.3 Soziale Kompetenzen/ Mimikry	52
11.4 Stressresistenz/ innerlich vorbereitet sein	55
11.5 Lernfähigkeit, Kombinationstalent usf.	58
11.6 Gedächtnis	61
11.7 Instinkt	62
12 Krisenbewältigung im sozialen Raum	66
12.1 Einfacher und bescheidener Lebensstil	67
12.2 Wohnort	70
12.3 Wohnraum	77
12.4 Familie, Freunde, Fremde	82
12.5 Beruf/ Fertigkeiten	89
13 Mobilität	91

Konkrete Krisenvorbereitung und -bewältigung   **96**

1 Hierarchie der Vorsorge	97
2 Die Broschüre: „Vorsorge für den Katastrophenfall"	98
3 Bedarfsgerechter Energievorrat	99
4 Ein Quantum mehr: Die 45-Tage-Regel	101
5 Eichhörnchenlager?	102
6 Speiseplan der Krise	103
7 Wasser	105
8 Reiseapotheke	105

9 Zähne	107
10 Bekleidung	107
11 Ausrüstung für die Reise (Bug-out bag)	110
12 Allgemeine Verhaltensregeln im Krisenfall	111
13 Schnelle und langsame Krisen	112
14 Physische Fluchtbewegung	113
15 Soziale, psychische Fluchtbewegung	113
16 Wenn Sie vor Ort bleiben	114
17 Tauschmittel	115
18 Waffen	117
Struktur und Verlauf der Krise	**118**
1 Krisen, Krisen, überall Krisen	119
2 Entscheidung, Urteil, Umwälzung	120
3 Was ist „Krise"?	121
4 Die Substrukturen der Krise	123
5 Echte und falsche Krisen	126
6 Krise der Alltäglichkeit/Alltäglichkeit der Krise	131
7 Korrekte und falsche Wahrnehmung	136
8 Der Tod als ultimatives Moment der Krise	138
9 Die Krise als regenerativer Mechanismus	145
10 Verhältnis von Krise und Mensch	146
11 Frühzeitige Wahrnehmung echter Krisen 3. Klasse	150
11.1 Stadien einer Krise 3. Klasse und Reaktionen des sozialen Umfeldes darauf – Das gefährliche Leben des Propheten	150

11.2 Direkte und vermittelte Krisenfolgen 167
12 Arten und Auswirkungen von Krisen 3. Klasse 172
12.1 Naturkatastrophen/ Umweltkrisen/
Ressourcenknappheit 172
12.2 Soziale Krisen/Politische Krise – Krieg,
gesellschaftlicher Zusammenbruch, Umwertung 175
13 Ursachen politischer/sozialer Krisen 176
14 Veränderte Machtverhältnisse und
destruktive Subsysteme 177
15 Drei Phasen politischer/sozialer Krise 179
15.1 1. Phase: Kontroverse 179
15.2 2. Phase: Revolte/ Rebellion 180
15.3 3. Phase: Ausrottung, Angleichung,
Anpassung, Absorption 181
16 Moralische Krisen/Wertewandel 182

„Keep calm and carry on"

*Text eines Propagandaposters
der britischen Regierung
von 1939*

Zur Handhabe dieses Buches:

Dieses praxisorientierte Buch bietet eine umfassende und verständliche Anleitung zur Krisenvorbereitung und -bewältigung. Vom frühzeitigen Erkennen echter Krisen über die Pflege eines krisenresistenten Lebensstils bis hin zu konkreten Aspekten wie Tauschmittel, Waffen, Evakuierung und Vorratsmanagement werden alle relevanten Themen angesprochen.

Unter Krise werden alle Ereignisse oder Ereignisketten verstanden, deren Folgen die Grundlagen unseres Alltags nachhaltig verändern. Eine neue, revolutionäre Technologie beispielsweise führt zu einem ebenso krisenhaften Umschwung der persönlichen Alltäglichkeit wie ein Krieg oder eine schwere Krankheit. Nicht jede Krise ist per se negativ, nicht jede Veränderung positiv.

Das zentrale Moment der Krise ist ihre Wirkung auf die individuelle Lebenswirklichkeit. Dementsprechend muss die erfolgreiche Krisenvorbereitung auf der körperlichen und psychischen Ebene ansetzen und mit konkreten Maßnahmen und Verhaltensweisen im Hinblick auf spezifische Krisenformen wie Naturkatastrophen oder politische und soziale Umwälzungen enden. Weiterhin muss ein Gespür für verborgene-echte und offene-falsche Krisen entwickelt werden.

Die allgemeine Krisenvorbereitung wird im ersten Teil abgehandelt.

Konkrete Maßnahmen und Verhaltensweisen finden sich im zweiten Abschnitt.

Die Zusammenhänge von Krise, Individuum und Gesellschaft erarbeitet der abschließende Teil des Buches.

Am Ende jedes Themenkomplexes findet sich eine Zusammenfassung mit den wesentlichen Ergebnissen.

Allgemeine Krisenvorsorge

1 Theorie und Praxis

Die Theorie schmeckt trocken – ich weiß das. Trotzdem ist sie notwendig. Das Verstehen steht vor dem Tun, das Sehen vor dem Verstehen. Ohne ein Problem als solches erkannt zu haben, haben wir keine Chance es zu verstehen; es taucht in unserem Erfahrungshorizont schlichtweg nicht auf. Und ohne einen Begriff, ein Verständnis von einer Sache zu besitzen, können wir uns nicht angemessen ihr gegenüber verhalten, bzw. unser Verhalten dem Sachverhalt an-messen, an-passen. Anpassung aber ist essentiell, um eine Krise zu überleben. Sie können alle Handgriffe eines Mechanikers gelernt haben und sämtliche notwendigen Werkzeuge besitzen, aber ohne ein Verständnis davon, wie ein Motor als Gesamtkonstrukt funktioniert und welche Aufgabe die einzelnen Teile erfüllen, werden sie ihn nicht reparieren können.

Auf der anderen Seite hilft die reine Theorie auch nicht weiter, wenn die entsprechenden Fähigkeiten und Ressourcen fehlen, die ihre Anwendung in der Praxis ermöglichen. Man braucht also beides, Wissen und Können, um sich einem lebenspraktischen Problem wie der Krise, gleich welcher Art sie denn sei, stellen zu können.

Wenn Sie also den dritten Teil dieses Bändleins überlesen wollen, ist das übrigens völlig in Ordnung. Ich werde in dem nun folgenden, praktischen Abschnitt immer wieder erklären, warum ich bestimmte Handlungsweisen empfehle, ohne dabei jedoch in die Tiefe zu gehen. In die Tiefe geht der angehängte theoretische Teil.

Das Ziel <u>dieses</u> Abschnitts ist es: 1. die Krise vorzeitig an bestimmten Merkmalen zu *erkennen*, und 2. sich vorzeitig und fundamental auf sie *vorzubereiten*. Dies bedeutet nicht, Vorräte anzulegen – das kommt zum Schluss –, sondern geistig und körperlich fit zu sein und diejenigen Fähigkeiten und Kompetenzen erworben zu haben, die ein Überstehen krisenhafter Umstände erleichtern.

2 Die drei Krisenklassen

Wir streben an, Krisen aller *drei Klassen* zu bewältigen. Welche Krisen sind dies? Worauf müssen wir uns vorbereiten?

Krisen 1. Klasse greifen die Befriedigung der Grundbedürfnisse 1. Klasse an; dies sind jene Grundbedürfnisse, deren Nicht-Befriedigung das unmittelbare Überleben des Einzelnen bedroht. Beispielsweise: Nahrung, sauberes Trinkwasser, Schutz vor Witterungseinflüssen (Bekleidung, Wohnung), Krankheiten usf.

Krisen 2. Klasse greifen die Integritätssphäre jener Grundbedürfnisse an, deren Stillung das psychische Wohlbefinden gewährleistet: Ruhe, Ansprache, Erholung, Hoffnung, weitestgehende Angst- und Stressfreiheit. Ist die Integrität dieser Sphäre gewährleistet, steht der Weitergabe des Lebens nichts mehr im Wege. Der Wille und die Möglichkeit Nachwuchs erfolgreich aufzuziehen ist Indikator für eine intakte 2. Integritätssphäre.

Die ersten beiden Integritätssphären sind stark biologistisch-individuell geprägt. Es geht um das physische Überleben des Individuums (1) und um die Bedingung der Möglichkeit Nachkommen zu zeugen und aufzuziehen (2). Sind diese Sphären intakt, überlebt die Spezies Mensch, wenn auch auf einem dem tierischen Dasein sehr ähnlichem Niveau. Wenn wir uns ein pelzbekleidetes Rudel Homo Sapiens in einer Höhle vorstellen, haben wir ein adäquates Bild davon, was die ersten beiden Integritätssphären für uns bedeuten.

Auf die Krisen 3. Klasse legt dieser Teil einen eindeutigen Fokus. Die Krisen, die den sozialen Raum betreffen, also alles das, was wir unter den Begriffen Zivilisation und gesellschaftliches Leben zusammenfassen können, sind zwar für sich genommen meist weniger gefährlich für den Einzelnen als sagen wir eine Krebserkrankung oder ein Hurrikan. Trotzdem ist die Beschäftigung damit wichtig, weil sämtliche weiterreichende Krisen der 1. und 2. Klasse auch den sozialen Raum erfassen und dort potenziert werden können. Zudem existiert eine lange Reihe von Krisen, die exklusiv im sozialen Raum entstehen, bzw. von jenem getragen werden und von dort bis in das Leben des Einzelnen hineinreichen.

3 Drei Schritte, eine Krise zu überleben

Die beste Krisenbewältigungsstrategie ist die schlichte Vermeidung krisenhafter Situationen. Darum sollte jede Krisenbewältigungsstrategie diese Schritte verfolgen:

1. Frühzeitiges **Erkennen**, um frühzeitig auszuweichen.

2. Pflege eines **krisenfesten Lebensstils**, um mögliche Angriffsflächen zu minimieren.

3. **Konkrete Vorbereitung** auf bestimmte Krisentypen wie Naturkatastrophen usf.

Dieser Dreischritt betrifft die Krise selbst. Ein vierter Schritt vollendet die Vorbereitung, da er über die Krise hinaus in den Post-Krisen-Raum schreitet und sie damit *bewältigt*. Ich spreche von der zügigen Anpassung an durch die Krise veränderten Lebensbedingungen.

4 Fokusse der Vorbereitung

Jeder Mensch ist über die Dauer seines Lebens notwendig einer ganzen Reihe teils sehr schwerer Krisen ausgesetzt. Man kann sagen, dass das ganze Leben eine Abfolge größerer und kleinerer Krisen ist, bzw. eine andauernde, phasenweise Krise. Das ist nichts Schlechtes. Wir wachsen an Widerständen, werden stärker, klüger usf. Manchmal aber ist uns die Krise über. Dann beginnt sie unser alltägliches Leben negativ und nachhaltig zu beeinflussen. Im schlimmsten Fall vernichtet sie uns vor der Zeit.

Krisen habe ich als Ereignisse oder Ereignisketten definiert, die unser alltägliches Leben auf Dauer zu beeinflussen im Stande sind, d.h. die Erfüllung unserer Grundbedürfnisse nachhaltig und auf Dauer beeinträchtigen. Eine Erkältung, die uns zwingt, der Arbeit fernzubleiben, ist noch keine Krise. Das Altern, der langsame Verfall unseres Körpers dagegen schon. Auch ein Finanzcrash erfüllt dieses Kriterium (Vernichtung von Sparguthaben, Arbeitsplätzen), wenn auch nicht unbedingt auf globaler Ebene. Dieser Abschnitt will auf die Krise in ihrer Gesamtheit, aber in individueller Perspektive vorbereiten.

Im Folgenden unterscheide ich zwischen Krisen, die exklusiv <u>Privatleben</u> und solche, die den <u>sozialen Raum</u> betreffen/ bzw. dort entstehen und durch ihn ins Privatleben hinein wirken.

Private natürliche Krisen manifestieren sich meist in körperlich signifikanten Ereignissen oder Zuständen wie etwa Krankheit, Schwangerschaft, Alter oder in psychisch auffälligen Ereignissen oder Zuständen wie die Pubertät, Mid-Life-Crisis usf., mit denen man im Laufe seines Leben mehr oder weniger häufig mehr oder weniger intensiv konfrontiert wird. Ihnen begegnet man am besten präventiv durch ausgewogene, vernünftiger und gesunde Lebensführung. Ein maßvoller Lebensstil beugt Krankheiten vor. Ein möglichst stress- und sorgenfreier Alltag ist gut für die psychische Stabilität. Die beste Krisenvorbereitung entzieht den Gefährdeten (Person oder sozialer Raum) vor Eintritt der Krise ihrem Wirkungsbereich. **Präventive** Maßnahmen, aktiv und passiv, sollten 90% der Krisenvorsorge ausmachen. Wir werden deswegen immer wieder auf Aspekte und Verhaltensweisen hindeuten, die nicht nur für die konkrete Krisenvorbereitung sinnvoll sind, sondern die Härten des Lebens insgesamt abfedern. Es ist beispielsweise für jeden Menschen empfehlenswert auf körperliche Fitness zu achten. Ein „fitter" Körper ist gesünder und kommt mit Erkrankungen und Entbehrungen besser zurecht. Ein „fitter" Geist ist ausgeglichener, stressresistenter, zudem vermag er Sachverhalte schneller und präziser zu beurteilen – ja, auch denken kann man lernen und üben.

Was die jeweils in den Blick genommenen Krisengestalten selbst angeht, konzentrieren wir uns auf solche, die den sozialen Raum betreffen oder von ihm ausgehen.

Unter Krisenvorbereitung verstehe ich weiterhin nicht die akribische Vorbereitung auf einen speziellen Fall, der vielleicht nie eintritt, sondern ein *grundsätzliches, flexibles Bereitsein für eine Fülle möglicher Ereignisse und Szenarien.* Flexibilität ist essentiell: Wer flexibel reagieren kann, kann fast jeder Krise entkommen, bzw. seine Chancen, sie zu überstehen, bedeutend erhöhen. Flexibilität setzt Wissen voraus. Die meisten und schwersten Krisen sind nicht etwa punktuelle Ereignisse wie Naturkatastrophen, sondern langfristige Wandlungen des gesamten sozialen Raums wie etwa Wertekrisen oder technologische Paradigmenwechsel. Diese kündigen sich mehr oder weniger subtil an. Man kann sie vor- und daher rechtzeitig erkennen, wenn man bereit ist, außerhalb der sozialen Narrative zu denken und außerhalb des common sense, des heideggerschen Man, der Konvention usf. zu agieren.

Bereits kurze Zeit nach der Machtergreifung der Nationalsozialisten im Jahre 1933 emigrierten die ersten Juden. Abgesehen von einer gewissen Rhetorik und einer feindseligen Stimmung im Land hatten jene zu diesem Zeitpunkt noch nichts zu befürchten. Leib, Leben und auch die wirtschaftliche Entfaltung verblieben unangetastet. Doch das Menetekel glühte schon an der Wand. Es ist menschlich und verständlich, dass man die Fundamente der eigenen Existenz, das Geschäft, den Beruf, die Freunde, die Familie, die Heimat usf. nicht einfach auf Verdacht herausreißt und sich selbst entwurzelt, um dann in einer ungewissen Fremde einer ungewissen Zukunft entgegenzuleben. Trotzdem genügte manchem bereits der Verdacht, die Ahnung, um auszuwandern, d.h. sich der Krise vorzeitig zu entziehen. Man kann in ihrem Fall nicht einmal wirklich von Flucht sprechen, eher von einem geordnetem Rückzug, mit dem Ziel, zurückzukehren, sobald die Gewitterwolke des

Nationalsozialismus sich wieder verzogen haben würde. Leider kam es anders. Die Krise entfaltete ihre schreckliche Kraft und mündete in einer Tragödie unvorstellbarer Dimension. Jene, die frühzeitig auf die Schrift an der Wand reagierten, die dem Verdacht glaubte, die auf ihr *Bachgefühl* hörten wurden gerettet. Sie erlitten vergleichsweise geringe Verluste. Ihr Weggang vollzog sich geordnet und planvoll. Jene „frühen" Exilanten halfen aber nicht nur sich selbst. Sie wurden auch zum Anlaufpunkt und Rettungsanker für viele ihrer „späteren" Brüder und Schwestern, die in den Jahren danach unter weit größeren Entbehrungen fliehen mussten.

Ein Großteil erfolgreicher Krisenvorbereitung liegt im rechtzeitigen Erkennen der Gefahr. Feind erkannt, Gefahr gebannt – sagt ein altes Soldatensprichwort.

Neben der Krisenvorbereitung im privaten und sozialen Raum ist das *Verhalten während* einer konkreten Krise des sozialen Raums ein weiterer Schwerpunkt dieses Buches. Auch hier bitte ich, bei der Lektüre einen gewissen Vorbehalt zu bewahren. Ich kann und werde nicht sagen können, was beispielsweise im Falle eines Störfalls im AKW im je individuellen Fall zu tun ist, weil mir persönlich dergleichen nie widerfahren ist. Schon der Versuch dergleichen sensationsheischende Szenarien ernsthaft verhandeln zu wollen, ist unseriös; ich überlasse es anderen, sich hieran abzuarbeiten. Was dieses Buch aber leisten kann, ist, für den Krisenfall zu sensibilisieren, und Dynamiken und Umstände sichtbar zu machen, die sonst unter dem Mantel einer behäbigen Alltäglichkeit verborgen bleiben würden. Die größte Gefahr, die von einer konkreten Krise des sozialen Raums ausgeht, ist die meist unvorbereitete Population desselben. Schon ein partieller und/oder temporärer Zusammenbruch ihrer Alltäglichkeit führt zu unberechenbaren Verhaltensweisen, die oft mehr Schaden anrichten, als die eigentliche Krise – wir werden später einige Beispiel der jüngeren Vergangenheit in den Blick nehmen.

5 Sozialer Raum – Krisenraum

Der soziale Raum, sprich: Gesellschaft, Zivilisation usf. hat es wahrlich in sich, weil er das Leben des Einzelnen sowohl begünstigt als auch bedroht. Dieses paradoxe Phänomen hat in der Funktion des sozialen Raums für den Menschen seinen Grund. Denn die Zivilisation, die Gesellschaft in ihrer konkretesten Manifestation, der Siedlung, ist im Prinzip nichts anderes als ein künstlicher Lebensraum, in welchem die Bedürfnisse der ersten beiden Klassen bedeutend leichter erfüllt werden können. Arbeitsteilung, Solidarität, Hierarchien, Rechtswesen usf. machen das Überleben für den Einzelnen einfacher als in der unbezähmten Wildnis. Weil es dem Menschen natürlich ist, soziale Räume zu konstruieren, um in jenen ein Dasein zu gestalten, das über das rein tierische Überleben hinausreicht, ist seine Schaffung selbst ein Bedürfnis (3. Klasse).

Den Modus des Lebens eines Menschen *in der Zivilisation* haben wir *Alltäglichkeit* getauft. Die Institutionen des sozialen Raums bewahren diese Alltäglichkeit, weil in ihr und durch sie die Bedürfniserfüllung ermöglicht wird. Die Krise des sozialen Raums ist in gewisser Hinsicht das Gegenprinzip zu dieser Alltäglichkeit. Sie greift sie an, wirft sie um und versucht sie, zu verwandeln und mithin zu zerstören. Ohne die Alltäglichkeit des sozialen Raums, seine Normen, Werte und Institutionen, verliert das Leben in ihm jeglichen Halt. Es driftet ab in Sinnlosigkeit und Chaos – je nachdem wie und wo die Krise zugeschlagen hat.

Krisen, die den sozialen Raum betreffen, sind Krisen 3. Klasse. Wir haben sie unterschieden in <u>Krisen der natürlichen Umwelt</u> wie Naturkatastrophen oder Ressourcenmangel, <u>politische und /oder soziale Krisen</u> wie Krieg, Revolutionen oder ethische Paradigmenwechsel und <u>moralische oder Wertekrisen</u>, das sind solche, die die Daseinsberechtigung des sozialen Raums selbst, seine geistigen und traditionellen Fundamente – nicht einzelne Normen – in Frage stellen.

6 Schutzreflex des sozialen Raums

Der primäre Schutzreflex des sozialen Raums ist die Leugnung der Krise um willen des Erhalts der je in ihm gelebten und vorherrschenden Alltäglichkeit nebst ihrer gedanklichen Fundamente. Im sozialen Raum wird daher selten über *echte* Krisen gesprochen. Man zieht es vor, über Fern- und Fernstliegendes zu reden. Der Grund für die konstante Leugnung der Krise liegt auf der Hand: Bereits das Thematisieren der Krise kann zu Konsequenzen für die Alltäglichkeit führen. Schlafende Hunde weckt man nicht, lautet die Devise, die zugleich vollkommen richtig und katastrophal falsch ist. Die Verunsicherung der Menschen führt zu irrationalem Verhalten und im Extremfall zu unnötiger Panik. Ein klassisches Beispiel hierfür wären sog. Bank Runs. Darum ist das Leugnen, bzw. Verschweigen der Krise durchaus und in den meisten Fällen sinnvoll. Viele vermeintliche Krisen entpuppen sich zudem als harmlos, sind also *falsche* Krisen.

Was echte Krisen betrifft, ist das gleiche Verhalten des sozialen Raums natürlich hochgradig gefährlich und kontraproduktiv. Nur wenn die Krise zum Bewusstsein gekommen ist, kann sich der Einzelne ihr entgegenstellen, Vorsorge treffen oder ihren Folgen rechtzeitig ausweichen. Insofern ist der erste Schritt der Krisenbewältigung ihr frühzeitiges und sicheres Erkennen.

7 Echte und falsche Krisen

Echte Krisen sind solche, die die Alltäglichkeit einer Integritätssphäre nachhaltig zu verändern in der Lage sind. Echte Krisen werden meist verschwiegen, geleugnet oder marginalisiert.

Falsche Krise sind solche, die vorgeben echte Krisen zu sein, ohne aber deren Bedrohungspotential zu besitzen. Falsche Krisen erzeugen Angst und Verunsicherung, die ihrerseits wiederum das Potential haben, sich zu echten Krisen zu entwickeln.

Beispiele für echten Krisen sind: Zunahme psychischer Erkrankungen in der 1. Welt, Abnahme der Fertilität, Zunahme von Allergien, die Abnahme des Nährstoffgehalts von Obst und Gemüse, Energieversorgung, Bildung, neue multimediale Technologien.

Beispiele für falsche Krisen sind: Praktisch sämtliche Krisen, die den Finanzsektor betreffen, Veränderung der Sprache, Verwandlung der kultureller und religiöser Doktrinen usf.

8 Krisenbewältigung im Drei-Schritt: Sehen, Verstehen, Handeln

8.1 Sehen

Wie erkennt man frühzeitig das Herannahen einer echten Krise, also einer solche, die die Alltäglichkeit des sozialen Raums (Bedürfnissphäre 3. Klasse) und/oder der ersten beiden Integritätssphären (Bedürfnissphären 1. + 2. Klasse) zumindest potentiell beeinträchtigen kann? Die Zeitung und die Nachrichten sind hier denkbar schlechte Ratgeber. Nicht, dass die journalistische Leistung der Medienlandschaft in Frage gestellt werden muss, aber der Fokus der Berichterstattung liegt doch eindeutig auf der Beschreibung der bestehenden und zu schützenden Alltäglichkeit, nicht aber auf der Möglichkeit ihrer reellen Auflösung.

Die Sprache einer heraufziehenden Krise gleicht in gewisser Hinsicht einem Geheimcode, etwas, das zwischen den Zeilen steht und einer Entschlüsselung bedarf, eine Stimmung, ein Gefühl.

Ein tagesaktuelles Beispiel zur Verdeutlichung: Man spricht gerade viel über die sog. Flüchtlingskrise. In Wahrheit haben wir es hier mit zwei *falschen* Krisen des sozialen Raums zu tun, nämlicher einer falschen sozialen und einer falschen politischen. Die echte Krise, die bezeichnenderweise mit der Flüchtlingsproblematik überhaupt nichts zu tun hat, ist dagegen eine Wertekrise. In dieser Wertekrise ist die Flüchtlingsthematik ein

Narrativ, ein Schlüsselbegriff. Steigen wir etwas tiefer in das Beispiel ein, denn in und an der Praxis lernt es sich ungleich leichter.

Millionen von Menschen wandern in die wohlhabenden Gesellschaften Europas ein auf der Suche nach einem besseren Leben oder auf der Flucht vor Armut/Krieg. Treffen Menschen unterschiedlicher Kulturen (d.h. anderen Sitten, anderer Sozialisation, anderer Sprache usf.) in einem abgeschlossenem sozialen Raum aufeinander, kommt es notwendig zu Reibungen. Diese Reibungen führen historisch betrachtet in der Folge zur wechselseitigen Anpassung der Bevölkerungen. Dieser Prozess dauert meist mehrere Generationen, bis er vollständig abgeschlossen ist. Als Franke hege ich gegen die Bayern, deren Königreich meine Heimat von Napoleons Gnaden einst einverleibt wurde, keinen Argwohn mehr. Ich würde sogar eine Bayerin heiraten, wäre ich nicht schon mit einer Rheinländerin verheiratet… Diese normalen Reibungen bilden nun den Rahmen der ersten beiden *falschen* Krisen, in deren Spannungsfeld die Flüchtlingskrise gemeinhin betrachtet wird. Die Gegner der Migrationsbewegung stellen deren negative Folgen heraus. Angst leitet sie meist mehr als Fakten. Die Gegenseite, die Pro-Flüchtlings-Bewegung, konzentriert sich dagegen auf das Leid der Fliehenden und die eigene moralische und politische Verantwortung in dieser Sache. Der Rekurs auf das Leid der Fliehenden zeigt eine Krise der eigenen Moral an, der nur durch bedingungslose Hilfsbereitschaft begegnet werden kann. Faktisch haben beiden Gruppen, geblendet von der Alltäglichkeit des sozialen Raums, seines Jargons, seiner Wirklichkeitskonzeption, seiner narrativen Struktur usf., nicht die echte Krise erkannt, bzw. sie verschweigen oder verleugnen sie, innerhalb der die Migrationsbewegung lediglich ein Symptom darstellt. Entsprechend erkennt und behandelt der Diskurs beider Seiten nur dieses Symptom, nicht aber die zugrundeliegende Erkrankung, die echte Krise. Tagespolitik besprechen ist stets ein heißes und undankbares Geschäft – vor allem für den Philosophen, der eigentlich gar kein Interesse an der Sache selbst hat (Migrationsbewegungen und Flüchtlinge gab es immer; das ist business as usual). Interessant ist das *echte* Zustandekommen der *echten* Krise (1) und der zutreffenden Ausdeutung der sie begleitenden Dynamik (2) innerhalb unserer sozialen Wirklichkeit und darüber hinaus.

Was die sog. Flüchtlingskrise angeht, haben wir es mit einer ausgewachsenen und hochgefährlichen Wertekrise zu tun. Nicht der Zuzug Fremder ist das Wesentliche in dieser Fragestellung – immer ja ziehen die Menschen umher, siedeln sich anderswo an, vermischen sich usf. – , sondern der Wert und Bestand des Eigenen. Die Fremdheit des Fremden erzwingt das Erkennen und Bekennen dessen, was man im Gegensatz zu jenem selber ist. Der Fremde ist der Spiegel in dem man sich selbst erblickt. Die Flüchtlingskrise kulminiert demnach in dem Fragekomplex, was die eigene Individualität überhaupt ausmacht (1), welchen Wert sie besitzt (2) und ob dieser Wert überhaupt verdient, erhalten zu werden (3). Die unterschiedlichen Diskursparteien beantworten diese Frage jeweils auf Basis ihrer je eigenen Ideologie. Die anti-deutsche Linke verlangt die Abschaffung und Auflösung der sog. Volksidentität, die neue Rechte verlangt deren Wiederbelebung – für beide Gruppierungen sind die Flüchtlinge lediglich ein begrifflicher Katalysator für die eigene Argumentation. Die dritte Gruppierung bilden die politischen Institutionen, die Administration und das politische Regime des sozialen Raums. Dieser Gruppe geht es primär um Erhalt des sozialen Raums und der eigenen Macht in ihm. Entsprechend neigt die „Politik" sich bald dieser, bald jener Denkrichtung zu, ganz so, wie es die Situation erforderlich macht. Eine vierte, jedoch absolut heterogene, oft in sich verfeindete Gruppe bilden die Migranten, die verständlicherweise frustriert von der Schizophrenie des sie aufnehmenden sozialen Raums sind, der sie einerseits begrüßt und Unterstützung zusagt, andererseits sie von der Teilhabe am gesellschaftlichen Leben ausschließt und sie diskriminiert, bzw. ihnen sogar feindselig gegenübertritt.

Erschwerend kommen noch die sprachlichen, ideologischen, religiösen und lebensweltlichen Verschiedenheiten all dieser Gruppierungen dazu. Das waren meine 2-Cent zur sog. Flüchtlingskrise.

An dieser Stelle ist nun wichtig, wie man eine echte Krise zuverlässig erkennt.

1. <u>Echte Krisen bedrohen den Alltag</u> bis zu dem Punkt, an dem der Alltag nicht mehr funktioniert.

Bleiben wir im Beispiel. Für mich persönlich hat die Flüchtlingskrise keinen Einfluss auf meinen Alltag. Sie bedroht weder mein Leben, noch meine psychische Gesundheit, noch *meinen* sozialen Raum – ich identifiziere mich mit meiner Nachbarschaft und meinem Dorf, nicht mit dem *Gesamtstaat*, der für mich ohnehin nur ein Abstraktum darstellt, das mir selten Briefe auf Umweltpapier mit einem Adler in der Kopfzeile schreibt. Stünde neben meinem Haus ein Flüchtlingsheim, in dem aggressive Jugendliche untergebracht wären, sähe die Sache womöglich anders aus – ich besitze hier keine eigenen Erfahrungen, die Aussagen anderer aber behandle ich gerade in diesen Zeiten mit größter Vorsicht.

Ebenfalls anders sähe die Sache aus, wenn die Kosten der Flüchtlingskrise zu zusätzlichen Abgaben führten würden, die meinen strengen Einkommensplan stark durcheinander brächten. Die Krise wäre zwar dann noch nicht lebensbedrohlich, aber in einem Fall durchaus einschneidend, würde sie doch eine massive Anpassung meiner Alltäglichkeit erforderlich machen.

2. <u>Echte Krisen stellen die Fundamente eines sozialen Raums/einer Integritätssphäre in Frage</u>. Sie sind nichts Vorübergehendes, das man einfach aussitzen kann wie einen Regentag. Erfolgt keine angemessene Reaktion auf die Krise, wird die Integritätssphäre, die sie befällt, irreversibel beschädigt. Eine erkannte Krebserkrankung, die die das körperliche Wohlbefinden zwar noch nicht beeinträchtigt, aber unweigerlich zum Tode führen wird, ist eine echte Krise 1. Klasse – sie bedroht das unmittelbare Überleben des Einzelnen.

Impotenz ist – ich setze einen natürlichen Kinderwunsch voraus – eine echte Krise 2. Klasse – sie bedroht die Weitergabe des Lebens. Kinderlosigkeit ist eine echte Krise 3. Klasse. Sie bedroht den Fortbestand eines sozialen Raums und führt in der Folge zu individuellen Krisen der 2. und 1. Klasse.

3. <u>Echte Krisen werden im sozialen Raum als Phantasmen kommuniziert.</u> Der soziale Raum vermag die Krise zu leugnen oder zu verschweigen, ganz ausblenden kann er sie aber nicht, setzt doch allein schon die Leugnung ein Wissen um den Sachverhalt oder die Sache voraus, die verleugnet werden soll. Unsere Wahrnehmung ist darauf ausgelegt, Muster zu erkennen. In jeder Baumrinde, in jeder Wolke erkennen wir Figuren, Gesichter usf. Dieser Modus des Gestalten-Erkennens hilft uns, unsere Umwelt, unsere Lebenswirklichkeit in <u>bestimmter</u> (nicht zufälliger) Hinsicht zu verstehen, bzw. sie mit Verständnismustern wie mit einem feinen Gewebe zu umgarnen. Warum schießt ein Blitz aus dem Himmel, fragten sich die Menschen in den alten Tagen? Und in Ermangelung einer wissenschaftlichen Erklärung erfand ihr Verstand eine simple Analogie: Er projizierte ein bereits bekanntes Muster auf einen unerklärlichen Sachverhalt: Die Blitze glichen riesigen Speeren, also musste ein riesenhafter speerwerfender Mann im Himmel sein – später gab man ihm Namen, Zeus oder Thor. Die eigene Lebenswelt des Menschen legte die Welt aus und erzeugte darin den *Mythos*. Später folgte der monotheistische Kausalismus des Mittelalters: Alles kommt von Gott, ist von ihm verursacht, prä-destiniert. Die Vernunft deutete die Welt weiter aus. Aus dem speerwerfenden Mann im Himmel wurde eine metaphysische Größe, ein erster Beweger, ein Logos usf. Heute ist der wissenschaftliche Empirismus die vorherrschende Weise der Weltdeutung mit seinen je eigenen Mythen. Wie auch immer – wir sind gezwungen, unsere Umwelt zu beobachten und zu interpretieren, eine Verhaltensweise, die für uns Menschen überlebensnotwendig ist. So bleibt dem Einzelnen auch nicht die Krise verborgen, die – abstrakt

zunächst – den sozialen Raum befällt. Dieser ist es aber, der gleichsam verbietet, die Krise in einer Weise ins Wort zu bringen, die die Alltäglichkeit des Raums stören würde. Auf der anderen Seite muss dem Einzelnen eine Möglichkeit des Ausdrucks seiner Wahrnehmung gegeben werden, da sonst allzu schnell eine Kluft zwischen individueller und gesellschaftlicher Wahrnehmung entstehen würde. Die Krise bekommt also einen eigenen Raum im sozialen Raum, ein Gefängnis, wenn man so möchte, in welchem sie gedacht und ein Stück weit auch erfahren werden kann, ohne dabei die Alltäglichkeit zu stören. Wir sprechen natürlich vom Feld des Ästhetischen, Literatur, Film und m. E. auch bildende Kunst und Musik. Jeder Roman, der auf sich hält, handelt von einer Krise. Gleiches gilt für den Film. Das antike Drama hat das Erleben der Krise in der Alltäglichkeit des Einzelnen in ganz unverhohlener Reinheit behandelt, der moderne Roman geht subtiler vor. Eine große literarische Verarbeitung einer Krise des sozialen Raums war Homer´s Ilias. Das Epos umrahmt den Untergang einer belagerten Stadt. Heute erfüllt die Krise im Film gleich unter welchem Genre es firmiert, faktisch die gleiche Funktion. Die Darstellung der Krise im Raum des Fiktiven reinigt das Individuum (Katharsis) von jener dunklen Ahnung, die von ihm Besitz ergriffen hat, jenes düstere Vorgefühl, dass die Wirklichkeit, die Alltäglichkeit in Wahrheit bedroht ist, dass das Leben trotz seiner unerschütterlich scheinenden Monotonie nur mehr einem fragilen Gefährt in unbekannten Gewässern gleicht. Die Frequenz des Auftritts bestimmter Katastrophen im fiktiven Raum repräsentiert nicht nur einen Trend, eine Mode, sondern es spiegelt die sehr realen Ängste der Menschen wider. Diese Ängste sind keineswegs Modeerscheinungen. Vielmehr sind sie die Folgen der Wahrnehmung einer Diskrepanz zwischen der Wirklichkeit des sozialen Raums und einer jenseitigen Wirklichkeit, die ihn bedroht und in Frage stellt. Ein Blick auf das Kinoprogramm kann also durchaus aufschlussreich sein, wenn der Blick das Wesentliche, das Eigentliche des Films erfasst.

Ein Beispiel: Unsere Welt wird nicht von Zombies

überrannt werden. Der Zombie steht vielmehr für eine Bündel an Wahrnehmungen und hieraus folgenden Ängsten: 1. Er steht für den Fremden, der als Gefahr wahrgenommen wird. 2. Die recht homogene Zombiehorde steht für den als leblos und bedrohlich empfundenen Mitmenschen, der im Kontext eines sinnlosen gesellschaftlichen Alltags seine Individualität verloren hat und zur Masse degradiert ist.

Wichtig bei der Interpretation ist der „Blick des Idioten", der das Wesentliche sieht (1) und den Mut – und die unverfrorene „Dummheit" – besitzt, das Erkannte als Wirklichkeit zu akzeptieren (2) und entsprechend vorzusorgen und zu handeln (3).

8.2 Verstehen

Die Krisen zu *sehen*, ist eine Sache. Sie zu identifizieren und zu begreifen eine andere. Wir haben im vorigen Abschnitt beispielhaft den Zombiefilm analysiert, bzw. ihn auf die in ihm angesprochene Krise hin interpretiert. Dieses Auslegen der *Zeichen* ist schwer. Das Menetekel an der Wand glüht immer in fremden Buchstaben, die wir erst entschlüsseln müssen. Dabei können wir leicht irren, denn wir sind gewohnt, innerhalb der narrativen Systeme des sozialen Raums zu denken und zu verstehen. Die Krise aber entzieht sich diesem Narrativ, stellt es auf den Kopf, verkehrt es in sein Gegenteil. Uns bleibt zunächst nur die *Ahnung*, dass es jenseits unserer Lebensweise und – wirklichkeit Alternativen gibt. Wir können sie erfühlen, aber die Mittel, sie verstandesmäßig zu fassen, fehlen uns oft. Unsere Ängste bleiben gestaltlose Schimären, Schatten, Traum- und Trugbilder.

Wenn wir der Krise effektiv entgehen wollen, müssen wir lernen, die echten von den falschen Schimären zu unterscheiden. Wir müssen *wissen*, was uns angreift und woher die Gefahr kommt. Wir müssen der Krise ein Gesicht, eine Gestalt geben, um ihren Fortschritt berechnen zu können.

Was früher Aufgabe des Propheten war, erledigt

heute der Analyst – oft mit ähnlich zweideutigen Ausdrücken und Erfolg. Die Analyse einer Krise geht von ihren ersten sichtbaren Wirkungen aus und schließt von jenen auf die zugrundeliegende Ursache. Das tut sie gemeinhin auf Basis des sozialen Narrativs. Wir müssen dagegen lernen, wenn wir Rauch am Horizont erblicken, auf ein Feuer als wahrscheinliche Ursache zu schließen, auch wenn uns der soziale Raum eine andere Deutung präferiert. Diese Binsenweisheit aus der ersten Leerstunde Logik ist das Gegenteil von dem, was der soziale Raum in Bezug auf die Krise anbietet. Der Rauch ist hier alles, nur nicht das Feuer, sofern es ihm gefährlich werden könnte. Aber gehen wir schrittweise vor.

Nachdem wir die Krise *gesehen*, d.h. ihre Folgen bewusst wahrgenommen haben, müssen wir sie zu analysieren und zu interpretieren beginnen. Dabei sind folgende Schritte empfehlenswert:

1\. Welche <u>wahrscheinliche</u> Ursache haben die wahrgenommenen Wirkungen? Das okhamsche Rasiermesser ist an dieser Stelle ein vorzügliches Werkzeug: Die einfachste Annahme ist meist auch die zutreffende.

Beispiel: Eine Krise 3. Klasse: Mangelnde Fertilität in den meisten Ländern der westlichen Zivilisation mit entsprechend katastrophalen demographischen Auswirkungen. Frage: Warum bekommen Frauen nur noch wenige oder gar keine Kinder? Wahrscheinliche Antwort: Die Voraussetzungen für die Aufzucht von Nachwuchs sind schlecht.

2\. Wenn die Ursache einer Wirkung bekannt ist, kann man nach ihrem Wesen fahnden, man kann die Krise systematisch *erkennen* und *benennen*.

Beispiel: Die Voraussetzungen für die Aufzucht von Nachwuchs sind schlecht, darum bekommen Frauen wenige oder keine Kinder. Welche Voraussetzungen (Soll-Zustand) sind für eine erfolgreiche Reproduktion nötig? Welche Voraussetzungen (Ist-Zustand) liegen vor? Wo liegen die Abweichungen?

A. Bedürfnisse der 1. Klasse müssen erfüllt sein – dies ist in unseren Breiten faktisch immer der Fall, sofern keine Krankheit oder sonstige körperliche Einschränkung vorliegt.

B. Bedürfnisse der 2. Kasse müssen erfüllt sein – wenn man allein den rasanten Anstieg an verschriebenen Antidepressiva seit 2000 in etlichen westlichen Nationen betrachtet, kommt man nicht umhin zu bemerken, dass irgendetwas im Paradies unsrer hochentwickelten Zivilisation sehr grundlegend sehr falsch laufen muss. Stress, Burnout, Perspektivlosigkeit, das Gefühl existentieller Leere, Sinnlosigkeit usf. sind Begriffe, die es bis in den Jargon der Alltäglichkeit hinein geschafft haben, wo man sie allerdings als punktuelle, an sich harmlose Randerscheinungen (Zivilisationskrankheiten) klein redet (marginalisiert), während sie in Wahrheit auf eine Krise epischen Ausmaßes hindeuten. Depression und ADHS beispielsweise werden oft als rein physische Gebrechen mit psychischen Symptomen gedeutet, für die weder die Beschaffenheit des sozialen Raums, noch das Individuum Verantwortung tragen. Man gibt ein paar Pillen, um die Symptome zu kontrollieren und meint dann, das Problem gelöst zu haben, weil es unsichtbar geworden ist.

Ich will an dieser Stelle nicht weiter auf diese Problematik eingehen. Wer Augen hat, zu sehen, der sieht.

Aus A. und B. ergibt sich C., die Lokalisation der Krise: Weil die Integritätssphäre der 3. Klasse (sozialer Raum) lediglich unterstützende Funktion für die Erfüllung der Bedürfnisse der ersten beiden Klassen besitzt, ist ihre Störung nur insofern für eine Krise 2. Klasse relevant, als sie diese Integritätssphäre negativ beeinflusst. Da es in unserem Beispiel nicht um die Fertilität einer Person oder eines Paares geht, sondern um die durchschnittliche Fruchtbarkeit der Population eines sozialen Raums, scheint die Krise, die die Integritätssphäre 2. Klasse vieler seiner Bewohner beeinträchtigt, im sozialen Raum selbst verortet zu sein. Die Hinwies auf die steigende Einnahme von Antidepressiva, auf die epidemische Zunahme von psychischen Erkrankungen, Autismus, Verhaltensstörungen etc. erhärtet diesen Verdacht.

Unser Beispiel zeigt, dass wir es in realiter mit einer Kette und Wirkungen und Ursachen zu tun haben, die unser Verstand erst in Gestalt einer Krise zusammenfassen und systematisieren muss. Ob die Krise nun im letzten Erzeugnis unseres Bewusstseins ist wie die Figuren, die wir in den Wolken zu erkennen meinen, oder ein wirklich aufgefundenes Phänomen, spielt an sich keine Rolle, sofern nur die Folgen kohärent auf einen Ursachekomplex zurückzuführen und auf individueller Ebene (!) sinn- und wirkungsvoll zu bekämpfen sind.

Die Fertilitätskrise und ihre Folgen gründen also mit hoher Wahrscheinlichkeit in der Beschaffenheit des sozialen Raums als artifizielle Umwelt für den Einzelnen mit negativem Einfluss auf dessen 2. Integritätssphäre. Nachdem der soziale Raum westlicher Prägung einen Grad von Perfektion erreicht hat, was die Erfüllung der Grundbedürfnisse 1. und 2. Klasse angehen, können wir davon ausgehen, dass gerade diese Übererfüllung das eigentliche Problem ist. Die Menschen sind scheinbar nicht für eine perfekte Welt ausgelegt. Tatsächlich trifft das Gegenteil zu. All unsere Sinne und Fähigkeiten zielen darauf ab, Probleme zu lösen und Widerstände zu überwinden. Das Lösen von Problemen und Bewältigen von Schwierigkeiten erfüllt uns mit Glück. Eine Welt, ohne Probleme, ohne Aufgaben, ohne Herausforderungen ist eine unmenschliche Welt, ein lebensfeindlicher Ort, an dem wir auf Dauer nicht existieren können. Wir werden uns selbst überdrüssig. Auch Ersatzbefriedigungen durch Computerspiele, Erlebnistourismus, sonstiges mediales Entertainment, das Sammeln von Prestigeobjekten, sozialer Exhibitionismus, primitiver Hedonismus usf. sind auf lange Sicht unzureichend. Auch hier tritt eine Übersättigung ein, die zu Langeweile und Überdruss führt. Die Krise, die jenen dramatischen Rückgang der Fertilität bedingt, ist im Kern eine *Wertekrise*. Es handelt sich hier um eine natürliche Auflösungserscheinung hochentwickelter Gesellschaften, die ultimativ zu deren Untergang, bzw. zu einer radikalen Umgestaltung führen wird.

8.3 Handeln

Ist der Feind gesichtet und seine Stärke bekannt, kann man Strategien entwickeln, wie man ihm gegenübertritt, bzw. sich elegant aus dem Staub macht – einem Gegner, den man nicht bezwingen kann, stellt man sich nicht lehrt uns die Kunst die Krieges von Sun Tzu.

Unsere Handlungsstrategien müssen drei Dimensionen berücksichtigen:

1. Das eigene Leben und die Möglichkeit seiner Weitergabe während und/oder trotz der Krise. Reines Überleben genügt nicht!

2. Die Krise selbst, ihre spezifische Art und Gestalt, ihr Ablauf, ihre Phasen und die jeweils zu erwartenden Folgen und Folgefolgen für das Individuum und den sozialen Raum.

3. Das Verhältnis des Individuums zum sozialen Raum und das Verhältnis des sozialen Raums zur Krise.

Punkt 1. umfasst all das, was bei der klassischen Krisenvorsorge im Auge zu behalten ist wie Vorräte, sichere Unterkunft, Kleidung, Werkzeuge, Medikamente usf. Zudem ist hier die persönliche Krisenfestigkeit zu beachten, d.h. körperliche Fitness, geistige und handwerkliche Fähigkeiten, psychische Stabilität usf. Ziel ist, das Leben des Einzelnen zu erhalten. Dazu kommt all das, was für eine Weitergabe des Lebens vonnöten, also der 2. Bedürfnisklasse zuzuordnen ist: Sicherheit, soziale Kontakte, eine sinnvolle Beschäftigung, ein stabiles psychosoziales Umfeld. Wir reden über diese Dinge gleich noch genauer.

Punkt 2. umfasst Handlungsoptionen die krisenspezifisch ausgelegt sind. Eine Wertekrise wie die Fertilitätskrise *überlebt* man nicht durch das Anlegen von Nahrungsdepots. Über konkrete Strategien in Bezug auf bestimmte Krisentypen sprechen wir auch noch.

Punkt 3 betrifft das Verhältnis von Einzelperson und sozialem Raum unter dem Zeichen der Krise. Er ist von besonderer Bedeutung, da etliche Krisen bzw. Krisenfolgen entweder den sozialen Raum selbst betreffen und/oder durch ihn an den Einzelnen weitergegeben werden. Auch hier müssen eine Reihe von

Dingen berücksichtigt werden, um nicht trotz aller individuellen Vorsorge gemeinsam mit dem sozialen Raum unterzugehen.

9 Vorteilhafte Fähigkeiten und Verhaltensweisen

Krisenvorbereitung beginnt im *persönlichen Alltag*, ist es doch gerade dieser Alltag, der von der Krise potentiell angegriffen wird. Je krisenfester die Person konstituiert ist und und je einfacher und basaler ihre Lebensumstände sind, desto geringer wird die zu schützende Angriffsfläche und desto leichter und schneller werden krisenhafte Eingriffe verwunden werden können.

Die Menschen sind nicht gleich. Jeder hat andere Talente, Fähigkeiten, Schwächen. Darum bildet unsere Spezies arbeitsteilige Gesellschaften. Alleine lebt es sich schwerer als im Verbund, doch auch dort hat der Alltag seine Tücken.

Manche Menschen sind zäher, was das Überstehen von Krankheiten angeht. Andere halten mehr Stress aus, besitzen eine bessere körperliche Konstitution, sind schlauer, fassen leichter auf als ihre Mitmenschen. Wir sind per Geburt mit einer Reihe von Kompetenzen, vor allem aber mit vielen Potentialen ausgestattet, die es zu entwickeln gilt. An der Länge seiner Beine kann man nichts ändern, an seiner Ausdauer aber schon. Viele der wichtigsten Fähigkeiten und Verhaltensweisen sind erfreulicherweise nicht ererbt, sondern erworben. Man kann sie erlernen, erhalten und verbessern. Talent hilft hier zweifellos, doch Disziplin ist essentiell. Wer diszipliniert an sich arbeitet, kann auch ohne Talent und mit mittelmäßigen körperlichen oder geistigen Anlagen viel, sehr viel erreichen.

Die optimale Krisenvorsorge beginnt weiterhin mit dem Erlernen basaler Grundfähigkeiten, die viele Zivilisationsmenschen (mich eingeschlossen) keineswegs mehr aus dem Effeff beherrschen. Diese Grundfähigkeiten dienen dazu, unser Überleben abseits eines sozialen Raums zu sichern. Sie sind perfekte Werkzeuge, um der Krise zu begegnen.

Ich betone nochmals: Ich bin weder ein Doomsdayprepper noch ein Survivalist oder dergleichen. Ich warte nicht mit insgeheimer Freude auf das Ende dieser Gesellschaft. Ich finde die Vorstellung, mit einem selbstgeschnitzten Speer irgendwelchen Wildschweinen nachzujagen, keineswegs erfreulich. Ich bin faul und am guten Leben interessiert. Genau aus diesem Grund muss ich auf die Krise vorbereitet sein und empfehle desgleichen auch allen anderen. Weil ich mein gutes Leben nicht vom Zufall oder dem zum Teil beunruhigend irrationalen Verhalten meines Umfeldes abhängig machen kann und will, muss ich auf mich selbst gestellt leben und agieren *können* und dazu ist das Beherrschen einiger basaler Fähigkeiten obligatorisch – das Bedienen eines Smartphones gehört übrigens nicht dazu.

Man sollte alles zumindest leidlich *können* und *wissen*, was die Bedienung der Bedürfnisse 1. Klasse erfordert. Dazu gehören folgende Kernkompetenzen:

9.1 Feuer machen

Das meint nicht die Benutzung eines Feuerzeugs oder Streichhölzer, wenngleich der Besitz eines Benzinfeuerzeugs nebst Ersatzfeuersteinen, Docht, Watte und natürlich Benzin sinnvoll ist, ganz so wie ein kleiner Vorrat von Sicherheitsbrennhölzern – hier kommt es nicht auf die Sicherheit an, sondern auf das Mehr an Holz und die längere Brenndauer. Wir wollen ja keine Zigaretten entzünden, sondern ein Ofen- oder Lagerfeuer. Man kann auf verschiedene Arten auch ohne diese beiden Hilfsmittel Feuer machen, z.B. mühsam mit einem Feuerbohrer oder weniger mühsam, dafür wetterabhängig mit einem Brennglas. Ich persönlich besitze ein *Feuerstarter-Set*, d.i. ein Brenneisen und ein Schaber zum Funkenschlagen – billiges und erstaunlich effizientes Campingzubehör, dessen Beherrschung ich hiermit empfehle.

9.2 Eine Wohnung finden/bauen

Wenn man heute in ein Neubaugebiet fährt und sich die Baustellen dort ansieht, glaubt man, ein Haus zu bauen, sei die reinste Hexerei. Dabei haben Menschen seit Jahrtausenden ihre Behausungen selbst errichten müssen – dies mit primitiven Werkzeugen, selbstgewonnenem Material, ohne Winkelmaß und Lot, ohne Baupläne und nicht selten unter großem Zeitdruck. Die Ergebnisse dieser Bemühungen sind mehr oder minder erfreulich anzusehen und haltbar, aber sie erfüllen den Zweck, ihre Bewohner vor Witterungseinflüssen zu schützen meist erstaunlich effizient. Eine Wellblechhütte beispielsweise ist leicht von einer Person an einem Tag zu errichten und bietet einen trockenen Schlafraum, was in warmen, aber regenreichen Klimaten schon viel ist. Haltbarer und für unsere kalten Breiten eindeutig besser geeignet ist die Holzhütte a lá Thoreau oder das Naturstammhaus. Letzteres kann zur Not von einer Person gezimmert werden, vor allem wenn man anstelle eines Satteldachs ein mit Laub, flachen Steinen, Schindeln, Blechstücken, Wellblech, Bitumenbahnen usf. – was immer eben Wasser aufhält und ablaufen lässt – belegtes einfaches Pultdach wählt. Die Arbeitszeit hierfür ist natürlich bedeutend länger und man muss einiges an Fähigkeiten im Umgang mit verschiedenen Werkzeugen mitbringen. Wenn man die Stämme selbst fällen und entrinden muss, braucht auch die einfachste Hütte wenigstens ein paar Tage, realistischer einen Monat als Bauzeit.

Komfortabler als eine Behausung selbst zu errichten, ist freilich, etwas bezugsfertiges wie eine Wohnhöhle zu finden. Problematisch ist die Verfügbarkeit dergleichen natürlicher Habitate und das meist sehr ungesunde Wohnraumklima (Kälte und Feuchte). Von der Beleuchtung, der Abschließbarkeit und den obligatorischen, nicht menschlichen Mitbewohnern will ich gar nicht erst sprechen.

Wie man sich im Letzten vor der Witterung schützt, spielt an sich keine Rolle. Erdhöhle, Wohnwagen, Iglu, Jurte – wie es euch gefällt. Wichtig ist nur, dass man im

Notfall eine winterfeste Wohnung erstellen kann, bzw. eine solche verfügbar und nach Möglichkeit portabel ist.

Eine schöne, leider heute viel zu selten gepflegte Freizeitbeschäftigung ist das *wilde* Bauen von Hütten und Häusern im eigenen Garten. Der Nachwuchs, so denn welcher vorhanden ist, kann dabei helfen und lernen.

Zwischen Mobilität und Komfort – mein Prospektorenzelt

Ich persönlich besitze für den Fall der Fälle eine sog. Prospector-Tent, d.i. ein winterfestes Wohnzelt. Diese Zeltart ist portabel, wintergeeignet und kann zur Not auch über Monate hinweg bewohnt werden. Die Anschaffung eines solches Zeltes ist freilich nicht ganz billig. Man kann es aber mit ein wenig Geschick auch selbst verfertigen. Selbiges habe ich gemacht und nach einigen Versuchen hat es auch einigermaßen hingehauen – schön ist das Ergebnis freilich nicht, aber es funktioniert.

Wichtig ist haltbares Material für die Zelthäute zu wählen: Ich benutze schweres Wollleinen als Innenhaut und eine luftdurchlässige, winddichte, wasserdichte Unterdachfolie als Außenhaut – ist billig und funktioniert großartig. Im Gegensatz zur Baumwolle ist Wolle weniger anfällig für Schimmel und Feuchteschäden; die Baufolie ist steifer und schwerer als normale Zelthäute, dafür sehr robust und vergleichsweise günstig, wenn man sie selbst zurecht schneidet.

Die tragende Konstruktion habe ich aus zurechtgesägten Konstruktionsbrettern (ich glaube 3x12cm) mit Verstrebungen aus Dachlatten genagelt. Letztere gab es umsonst und in Fülle in der Nachbarschaft, wo man sich einen neuen Dachstuhl geleistet hat. Die Folie (ein Stück, um Nähte zu vermeiden) habe ich von Außen in die tragenden Latten und Sparren getackert und die Klammern sorgfältig kreuzweise mit Klebeband (Spezialklebeband für Dachfolien!) abgeklebt. Die Klebestellen habe ich danach noch einmal mit Reperaturband getapt, weiß aber nicht, ob das nötig gewesen wäre. Sieht nicht gut aus, hält aber.

Im Unterschied zum normalen Zelt hat die Prospektorenausführung besagte doppelte Zelthaut. Die dazwischen stehende Luftschicht wirkt dämmend. Ein runder, feuerfest-isolierter Ausschnitt im Zeltdach erlaubt die Installation eines Ofenrohrs nebst dazugehörigem Ofen. Wer auf Beweglichkeit, d.h. leichtes Gepäck wert legt, kann sich mit einem Petroleumbrenner oder einem Gasbrenner behelfen. Hier entfällt das etwas aufwendige Aufstellen des doch recht schweren Reiseofens. Auf der anderen Seite muss man genügend Brennmaterial (Petroleum, Gasflaschen) mitnehmen, was ggfs. gar nicht so ungefährlich ist, während anderweitig Holz – die Nahrung des Ofens – praktisch überall dort verfügbar ist, wo es auch kalt wird, wenn auch nicht immer trocken. Ein Prospektorenzelt hat weitere Vorteile. Dazu gehören die flachen Seitenwände – in meinem Fall 1,20m – und der angenehm hohe Giebel – in meinem Fall 1,90m – sodass man bequem seine Habseligkeiten in Reisekisten verstauen und in der Mitte des Zeltes sogar aufrecht stehen kann. Neben dem Zeltbett ist sogar für einen kleinen Tisch und Stuhl Platz. Als Zeltbett genügt mir ein Alu-Feldbett. Im Herbst benutze ich eine dicke Isomatte als Unterlage. Das Bett steht auf einem alten Sisal, um kalte Zugluft von unten abzuhalten. Das bringt uns zur Bodenkonstruktion. Ein trockener, warmer Untergrund ist essentiell. Ich habe mir folgende Lösung praktisch kostenlos gezimmert:

Man benötigt einen Hammer, eine Zange, ein Box mit Nägeln, einige Steine gleicher Größe (schwere Mauersteine wie Sandstein etc. sind ideal), sowie einige Einwegpaletten. Letztere gibt's praktisch bei jedem verarbeitenden Betrieb, bzw. größerem Supermarkt geschenkt. Einfach anrufen und abholen – die Leute dort sind meist froh, das Zeug los zu werden. Nebenbei: Wenn man die Nägel entfernt, kann man trockene Paletten hervorragend verfeuern. Sechs gut erhaltene Paletten gleicher Abmessung bleiben intakt, den Rest zerlegt man, um an die Bretter zu kommen. Die intakten Paletten vernagelt man jetzt mit den aus den anderen Paletten gewonnen Brettern beidseitig, sodass eine tragfähige und plane Konstruktion entsteht. Den Raum zwischen den Paletten kann man ggfs. mit Stroh als Dämmung stopfen und dann mit Brettern seitlich vernageln. Das Ganze sieht nun aus wie eine überdimensionierte quaderförmige Eiswaffel. Die Konstruktion wird auf Steine gebockt, sodass sie idealerweise mind. 30 cm über dem Boden „schwebt". Das Erdreich unter den Ziegelsteinen muss eben und dicht sein, sonst senkt sich der Boden. Die offenen Seiten kann mit weiteren Steinen, Holz- oder Planenresten verfüllen, aber bitte nicht komplett abdichten, da die Konstruktion unterlüftet werden muss. Die Fußbodenseite gründlich abschleifen (Splittergefahr!) und mit Leinöl einlassen. Meinen „Fußboden" benutze ich jetzt im zweiten Jahr und er funktioniert tadellos, wobei ich das Zelt bislang nur bis in etwa Mitte November sporadisch als Arbeits- und Ruhezimmer genutzt habe. Tanzpartys fanden dort keine statt. Geschlafen habe ich in meinem Zelt den gesamten letzten Sommer bis in den Herbst hinein – nicht jede Nacht, aber doch regelmäßig. Wenn man sich an den erhöhten Geräuschpegel gewöhnt hat, schläft es sich recht gut. Aufpassen muss man wegen den Stechmücken – ein Fliegengitter, mit kleinen Gewichten beschwert, sollte den Zelteingang allezeit beschirmen. Ich hätte wohl auch den Winter in diesem Zelt verbringen können, aber man muss ja nicht alles tun, was man kann – das Wissen, dass man könnte, wenn man müsste, genügt als Vorbereitung.

9.3 Kleidung instand halten

An diesem Punkt scheiden sich die Geister. Ich persönlich halte es für völlig unrealistisch im Zuge einer Krisenvorbereitung auch nur den Versuch anzuraten, zu lernen, sich Kleidung aus Rohstoffen der natürlichen Umwelt herzustellen. Leder, Pelze, Wolle usf., sowie die

Verarbeitung von Stoffen erfordern Zeit und eine funktionierende Infrastruktur. In der Krise wird der soziale Raum womöglich über eine gewisse Zeit hinweg nicht mehr funktionieren. Gewisse Zeit bedeutet einige Wochen, Monate oder auch Jahre, aber gewiss keine Jahrzehnte.

Wir müssen an dieser Stelle also das Rad nicht neu erfinden. Sinnvoll ist, einige basale schneiderische Fähigkeiten zu erlernen, um vorhandene Kleidungsstücke instandzuhalten. Das dazu notwendige Werkzeug besteht in einer Reihe brauchbarer Nadeln verschiedener Größe, Garn (haltbares, festes!) und Stoffresten. Bitte die Ledernadel nicht vergessen – Lederbekleidung ist nicht nur haltbar und pflegeleicht, sie schützt auch vor vielfältigen Verletzungen, ihre Reparatur ist allerdings aufwendig.

Wer will und damit umgehen kann, kann sich eine mechanische Nähmaschine zulegen. Die Arbeit mit ihr erfordert etwas Übung und gute Motorik. Dafür sind diese Stücke praktisch unverwüstlich und funktionieren ohne Strom. Besonders hübsch sind die Ausführungen, die man in einem Tischen versinken lassen kann – so wird ihr Heim dank Krisenvorbereitung sogar noch schöner! Transportabel sind diese Kleinodien allerdings nur bedingt, da sperrig und schwer.

Einfache Reparaturen an der Kleidung erfordern lediglich das Zurechtschneiden und Aufnähen von Stoffflicken. Das ist nicht besonders schwierig. Ich empfehle trotzdem das Nähen zu üben. Socken zu stopfen – vor allem an der Ferse – empfinde ich persönlich als schwieriger, dabei sind gerade Socken extrem wichtige und dabei stark verschleißanfällige Bekleidungsstücke! Nasse Füße im Krisenfall sind ein echtes und zudem weithin unterschätztes Risiko.

9.4 Schuhwerk/ Socken

Schuhe sind ein weiteres heikles Thema. Ihre Herstellung/ bzw. Reparatur erfordert ein relativ hohes Maß an Fähigkeiten, Ressourcen und Zeit. Dazu kommt, dass Schuhe vor allem in unseren Breiten praktisch unersetzlich sind. Selbst wenn man Frühjahr bis Herbst theoretisch barfuß unterwegs sein könnte, wird spätestens im Winter wärmendes Schuhwerk unabdingbar.

Die wichtigste Stelle des Schuhs ist die Sohle. Löcher im Quartier oder in den Kappen kann man zur Not stopfen, abkleben oder irgend abdichten. Gleiches gilt für die Nähte – Reparaturband und eventuell Schuhkleber (Shoe Goo etc.) vollbringen hier wahre Wunder. Die Sohle aber muss funktionieren. Ist sie löchrig, ist aufgrund er hohen Beanspruchung und der Besonderheit des Materials eine Reparatur für den Laien schwierig, wenn nicht gar unmöglich. Eine Sohle kann zwar ausgetauscht werden, so Ersatz vorhanden ist, dies erfordert aber wiederum einiges an Geschick und passendes Werkzeug. Um Schuhe provisorisch wieder für ein paar Kilometer fit zu machen, kann man eine Ersatzsohle auf die gereinigte defekte Sohle nageln. Das Laufgefühl ist sehr unangenehm und wacklig. Auch die Gefahr des Umknickens ist erhöht. Wer aber im Fall der Fälle vor die Wahl gestellt ist, im Winter oder auf schwierigem Gelände mit löchrigen Sohlen sich die Füße kaputt zu treten oder langsam, dafür heilen Fußes vorwärtszukommen, mag sich im Zweifel dieses Provisoriums bedienen.

Es gibt eine Variation dieser Pseudo-Reperatur: Weil man nicht immer – realistischer: eigentlich nie – eine Ersatzsohle für den Schuh dabei hat, kann man auch Stöcke unterbinden. Sie sollten frisch und biegsam sein und nicht dicker als 0,5 cm. Man muss nicht die ganze Sohle mit einem perfekten Floss untermauern, sollte aber doch so viele Stöckchen benutzten, dass die löchrigen Stellen nicht mehr den Boden berühren. Reparaturband und Geduld helfen hier. Vorsichtig: Dieser Sohlenbehelf taugt nur für wenige Kilometer und leichtes Gelände.

Für Kleidung und noch mehr für Schuhe gilt, dass <u>Vorrat</u> und <u>Vorsorge</u> dem Instandhalten eindeutig vorzuziehen sind. Wir sprechen später noch über krisengeeignete Kleidung und Schuhwerk.

Achten Sie auf trockene Socken! Haben Sie immer

mindestens zwei Ersatzpaare zur Hand. Dicke Wollsocken sind Baumwollsocken gegenüber zu bevorzugen.

9.5 Werkzeuge herstellen/ instandsetzen

Besser man hat sich entsprechende Werkzeuge vor der Krise angeschafft, als während der Krise zu versuchen, solche herzustellen bzw. zu finden. Trotzdem ist es erstaunlich, was man ohne großen Mühen seiner Umwelt entnehmen kann. Entsprechende Spezial-Literatur (z.B. Survivial, Pfadfinder, m.E. Outdoor, Camping usf.) zu konsultieren, ist hier empfehlenswert, wenn man sich für diesen Themenkomplex interessiert. Ich beschränke mich hier auf die Basics.

Was Werkzeug überhaupt angeht, ist folgender Gedanke hilfreich: Jedes Werkzeug ahmt eine Funktion oder einen Teil des menschlichen Körpers nach: Der Löffel ist die gewölbte Hand, der Hammer eine geballte Faust, die Axt eine Handkante, die Säge ahmt die Arbeit der Zähne (Zerbeißen) nach usf. Jedes Werkzeug ist also im Kern eine mehr oder minder hochgezüchtete Varianz des Körpers, bzw. seiner Funktion. Der Körper selbst ist das Urwerkzeug.

Ich greife nun etwas vor: Es ist ein Gebot der Klugheit den Blick auf die Ursprünge zu richten und ursprünglich zu denken. Im Brennglas dieser Ursprünge sehen wir, dass die uns umgebende Umwelt nicht nur feindlich und widerständig unseren Bedürfnissen gegenübertritt, sondern gleichzeitig sämtliche Ressourcen zu deren Stillung bereitstellt. Wenn wir heute eine Wand und einen Nagel sehen, denken wir automatisch an den Hammer. Dies ist aber lediglich eine Konditionierung, eine Reduktion unserer Perspektive gemäß der Realität des sozialen Raums in dessen Alltäglichkeit hinein wir sozialisiert wurden. Innerhalb dieser Alltäglichkeit ist der Hammer das bevorzugte, wenn nicht das einzige Mittel der Wahl, den Nagel einzuschlagen. Die Reduktion dieser Sichtweise gemäß der Wirklichkeitskonzeption des sozialen Raums führt zu dem, was wir heute als Fachidiotentum oder moderne Lebensunfähigkeit (1. Welt Probleme) kennen. Sobald der Taschenrechner fehlt, vermag eine wachsende Anzahl unserer Mitmenschen kaum noch einfache Rechenoperationen wie Addition und Subtraktion im Tausender-, ja Hunderterbereich im Kopf durchzuführen. Zu sehr sind wir daran gewöhnt, dass bestimmte Werkzeuge diese Aufgabe für uns übernehmen. Wechseln wir die Perspektive aber vom *passenden* Werkzeug für eine Aufgabe, zu den tatsächlichen *Erfordernissen* der Aufgabe, stellen wir sofort fest, dass wir auch ohne den Hammer bestens zurechtkommen können, da uns anderes geeinigtes Werkzeug in Massen umgibt. Wir brauchen etwas, das fest und schwer und eine zumindest einigermaßen glatte Stelle hat, um dem Nagel in die Wand zu treiben – jeder bessere Stein vermag das. Hier ein Tipp, wie man lernen kann, die Perspektive für die scheinbar versteckten Ressourcen unsrer Umwelt wieder zu erweitern:

Hänsel und Gretel Survival

Stellen Sie sich vor, Sie werden nächste Woche wie Hänsel und Gretel im Wald ausgesetzt und müssen dann dort eine unbestimmt Weile zurechtkommen. Ein Lebkuchenhäuslein gibt es in Ihrer Geschichte nicht, auch keine Rückkehrmöglichkeit ins Elternhaus der Zivilisation. Abgesehen von einem Mundvorrat für, sagen wir, eine Woche und einen Rucksack mit dem Allernötigsten (was dieser genau enthalten sollte, schauen wir uns später noch an) haben Sie nichts bei sich. Zur Vorbereitung auf ihr Exil empfehle ich daher dringend einen Waldspaziergang zu unternehmen. Besser, Sie lernen die Umgebung, in der Sie Ihr Leben fortan fristen müssen, früh- d.h. rechtzeitig kennen. Ein Notizblock und ein Stift führen Sie natürlich mit sich, um zu notieren, was an Materialien vorhanden und wie Sie sie sich nutzbar machen könnten. Je häufiger Sie diesen Spaziergang unternehmen, desto mehr werden Sie lernen, Ihre Umwelt nicht als etwas wahrzunehmen, was man seinen Bedürfnissen entsprechend gestalten muss, bevor man darin leben kann, sondern als einen Ort verschiedenster Möglichkeiten und Chancen. Überall liegen Werkzeuge herum: Ein flacher Stein kann als Werkbank, als Bock für das Schlagen von Holz, als Tisch, als Fundamentquader für eine mögliche Behausung etc. dienen. Ein gerader Stamm kann einen First abgeben, einen Sparren, ein Brückenteil über einen Graben oder ein paar hübsche Brennholzrohlinge. Letztere wiederum geben primitive Tischbeine, Bettfüße oder Hocker ab. Ein Stein mit flacher Kante eignet sich zum Entrinden von Holz, ein anderer gar zum Schlagen. Hier fließt ein Bach, dort ist eine schöne Lichtung mit ebenem Grund, wo man seine Behausung errichten könnte. Unsere Vorfahren haben die Welt als Möglichkeit und quasi unerschöpfliches Ressourcenlager betrachtet und betrachten müssen, um zu überleben. Diesen Blick haben wir als instinktreduzierte, dafür aber sehr zivilisierte Mängelwesen verlernt. Ihn zurückzugewinnen, ihn wieder zu erlernen, ist eine der besten Vorbereitungen für faktisch jede Art von Krise.

9.6 Was in meiner Gegend essbar/ nutzbar ist

Heimatkunde 101: Wie ist meine natürliche Umwelt beschaffen, was finde ich darin, und vor allem, welche Ressourcen kann ich aus ihr gewinnen? Neben Baumaterial, Bekleidung und Werkzeugen ist vor allem die Kenntnis potentieller Nahrungsquellen wichtig. Wann und wo kann man Nahrung in welcher Quantität und Qualität finden, welche Nährstoffe bietet sie, wie ist sie zu verarbeiten, haltbar zu machen? Früchte von häufig Beerensträuchern oder Obstbäumen sind zwar köstlich, ernähren uns aber nicht ausreichend. Wir brauchen Handfesteres, um bei Kräften zu bleiben: Brot und Fleisch, bzw. Fisch. Wir werden gleich bei der Wahl des Wohnortes nochmals darauf zu sprechen kommen, welche äußeren Kriterien erfüllt sein müssen, um uns die größtmöglichen Chancen zu bieten, eine Krise 3. Klasse, welcher Art sie auch sei, zu überstehen. Die Nähe zu einem fischreichen Gewässer ist dem wildreichen Wald vorzuziehen, ganz einfach, weil Fischen leichter ist und mit primitiverem Werkzeug einen höheren Ertrag bringt als die Jagd auf Hirsch und Hase. Wertvoll ist die Kenntnis der umgebenden Böden. Was wächst dort und was kann ich damit anfangen? Fragen der Verarbeitung und Haltbarmachung sind essentiell. Ein Weizenfeld abzuernten ist eine Sache, aus Körnern Mehl zu bereiten und von dem Mehl Brot zu backen eine andere. Eine Handmühle (keine Kaffeemühle!) für Körner sollte übrigens ebenso wenig in einem Haushalt fehlen, wie ein mit Holz zu befeuernder Ofen.

Die oft gepriesene Alternative zu den bekannten Getreidesorten, die Eichel, ist auf keinen Fall zu empfehlen. Eichelmehl enthält nur geringen Brennwert, d.h. es füllt zwar den Magen, entbehrt aber notwendiger Nährstoffe. Gleiches gilt für Pilze. Die Gefahr einer Vergiftung kommt hier noch erschwerend hinzu.

Neben dem Wissen um meine natürliche Umwelt, bzw. der in ihr vorkommenden Ressourcen, sind solche Fähigkeiten nützlich, die mir erlauben, eben diese Ressourcen zu gewinnen und zu verwerten. Im Falle der Ernährung sind Kenntnisse des Getreide-, Obst- und Gemüseanbaus unabdingbar. Hier gibt es etliche hervorragende Ratgeber – wie mit Kochbüchern empfiehlt es sich auch hier ein Konvultut im Bücherschrank zu haben und – wichtig! – dieses auch regelmäßig zu konsultieren. Die Theorie allein nützt nichts, vor allem, wenn sie in einem Regal verstaubt. Sie will angewendet werden. Nur so erlangen wir Fähigkeiten, nur so gehen Kompetenzen in Fleisch und Blut über. Pflanzen Sie etwas, versorgen Sie es und genießen Sie seine Früchte!

Energiebilanz beachten!

Das Sammeln von Ressourcen und ihre Verarbeitung kostet Energie. Im Falle der Ernährung ist eine positive Bilanz existentiell! Wenn Sie 300kcal verbrauchen um eine Mahlzeit mit 250kcal „herzustellen", haben Sie neben der Zeit auch noch Energie verloren. Diese Energie fehlt ihnen am nächsten

Tag. Auf lange Sicht werden Sie so zweifellos verhungern. Es hat einen Grund, warum die Jäger und Sammler-Gesellschaften praktisch ausgestorben sind, warum sie nie eine höhere Form der Zivilisation oder Kultur erreicht haben – ihre Energiebilanz war katastrophal und zudem immens abhängig von Zufällen; sie lebten praktisch von der Hand in den Mund.

10 Der krisenfeste Leib

Das körperliche Wohlbefinden ist essentiell für alles Weitere. Deswegen ist es auch der Körper, mit dem die Krisenvorbereitung beginnen muss. Ein gesunder und gut trainierter Leib ist resistenter gegen schädlichen Einflüsse und vermag mehr zu leisten. Funktioniert der Körper nicht, wird er zu einer zusätzlichen Last – der schwersten mithin.

10.1 Ausdauer

Krisen der ersten beiden Klassen werden mittelbar oder unmittelbar den Körper betreffen. Der Körper bildet aber nicht nur die Angriffsfläche für die Krise, er ist neben dem Verstand ein primäres Werkzeug, jene zu bewältigen. Was helfen Vorräte und Hide-Outs und Bug-out-bags usf., wenn man in schlechter, körperlicher Verfassung, wenn man krank oder gebrechlich oder schlicht untrainiert ist? Auf der anderen Seite haben Menschen mit guter Konstitution auch ohne jede Vorbereitung bessere Chancen, eine Krise zu überstehen, als ihre schwächeren Mitmenschen.

Ich persönlich habe Asthma und einen Haufen Allergien. Trotzdem zwinge ich mich jeden Tag laufen zu gehen. Ich absolviere seit über zehn Jahren täglich 8-10 km in mittlerer Geschwindigkeit.

Als ich das Training begonnen habe, klappte ich nach weniger als 5 Minuten zusammen und hatte danach eine volle Woche schrecklichen Muskelkater. Es war ein langer und harter Prozess, meinen Körper einigermaßen auf Spur zu bringen, aber es hat sich gelohnt. Neben der Fitness und einem konstant hohen Endorphinspiegel haben sich auch meine Allergien und mein Asthma bedeutend gebessert. Ich bin praktisch nie krank, und wenn, dann nur einen oder zwei Tage.

Der Körper ist ein Werkzeug, das durch Benutzung in Form und Funktion gehalten wird. Wichtig bei der Benutzung des Körpers ist das Einhalten eines vernünftigen Maßes und stete Disziplin. Zu viel verschleißt, zu wenig lässt einrosten. Das richtige Maß muss jeder für sich selbst finden. Wer auf dem Bau arbeitet, sollte sich in seiner Freizeit eher schonen. Wer dagegen im Büro wirkt, sollte seinem Körper den nötigen Auslauf am Feierabend nicht versagen. Ich bevorzuge Sportarten, die den Körper vielfältig fordern und vor allem das Herz-Kreislaufsystem trainieren. Dementsprechend laufe ich beispielsweise im Wald, wo ich streckenweise über Stock und Stein springen muss. Ein anderer wird Fußball- oder Basketball und wieder jemand anderes Kampfsport, Tennis, Skilanglauf usf. bevorzugen – suum cuique, solange nur das Resultat stimmt und das Ganze auch noch Spaß macht. Stark einseitig belastende Sportarten wie Bodybuilding, Gewichtheben und dergleichen eigenen sich eher nicht für die Krisenvorbereitung.

Ein gesunder und wohlbenutzter Körper ist entgegen landläufiger Vorstellungen keineswegs von herkulischem Aussehen, sondern schlank, sehnig und dabei hoch beweglich.

10.2 Beweglichkeit

Neben Ausdauer ist Beweglichkeit ein weiterer zentraler Faktor. Nur ein beweglicher Körper ist auch ein nützlicher Körper. Beweglichkeit ist die Fähigkeit der Muskulatur sich schnell an verschiedene Erfordernisse anzupassen, ohne dabei müde zu werden oder sich zu verletzen. Es ist nicht ohne guten Grund, dass man sich vor und nach dem Sport ausgiebig dehnen soll – es fördert die Geschmeidigkeit des Bewegungsapparats.

Was die Beweglichkeit angeht, kann zwischen Grob- und Feinmotorik unterschieden werden. Grobmotorik bezeichnet die Fähigkeit des Körpers sich als Ganzes zu bewegen. Gehen etwa ist eine grobmotorische Tätigkeit. Feinmotorik meint die Fähigkeit einzelner Körperteile diffizile und kontrollierte Bewegungen auszuführen: Das Fingerspiel des Gitarristen ist eine feinmotorische Bewegung.

Als zivilisierte Menschen, als Kinder einer hochtechnisierten Welt, ist unser Bewegungsapparat eher auf Feinmotorik ausgerichtet. Gerade deswegen ist bei der Krisenvorbereitung besonderer Wert auf die grobmotorische Beweglichkeit zu legen. Wir wollen über einen Bach springen oder über ein Feld rennen können, ohne uns sofort den Fuß zu verstauchen. Eine gute Grobmotorik hat noch weitere Vorteile: Der erhöhte Beweglichkeit erlaubt es, den Körper recht schnell und vor allem muskelkaterfrei an neue Bewegungsabläufe zu gewöhnen. Körperliche Agilität und Flexibilität sind essentiell für ein Überleben unter erschwerten Bedingungen. Anpassungsfähigkeit ist Trumpf und reiner Körperkraft auf jeden Fall vorzuziehen.

Neben artifiziellen Krisen werden wir qua Existenz Opfer einer Reihe natürlicher Krisen. Der Alterungsprozess ist eine davon. Im Alter verlieren wir Ausdauer, Kraft und auch Beweglichkeit. Unsere Reflexe verlangsamen sich und die motorischen Fähigkeiten nehmen ab. Die beste Vorsorge für diese Krise, deren Ende unweigerlich unser Verscheiden sein wird, ist permanentes, altersgerechtes Training. In der Jugend stehen eindeutig Kraft und Ausdauer im Vordergrund. Im Herbst und Winter des Lebens müssen wir vor allem am Erhalt basaler motorischer Fähigkeiten arbeiten.

An den Schwächen arbeiten

Es ist ein Gebot der Klugheit und führt zur ausgewogenen Entwicklung und Nutzung unseres Körpers, wenn wir immer diejenigen seiner Funktionen fördern, die uns am schwersten fallen, beziehungsweise *bei denen wir die größten Schwächen aufweisen. Wenn man mühelos 5-10 Kilometer laufen kann, aber der Wasserkasten einem die Arme Zittern lässt, wird es Zeit, den Fokus des Trainings von Ausdauer auf Kraft zu verlegen. Orientieren Sie sich an den genannten Aspekten Ausdauer, Beweglichkeit (Grob- und Feinmotorik), Reflexe/Koordination und Kraft. Der je schwächste Bereich sollte gefördert werden. Ich empfehle alle 2-3 Monate eine Reihe festgelegter Tätigkeiten in den jeweiligen Bereichen zu absolvieren: Ein Lauf über eine bestimmte Distanz, das wiederholte Heben eines bestimmten Gewichtes usf. Führen Sie über die Ergebnisse Buch. So wissen Sie stets, wo Sie die <u>geringsten</u> Fortschritte gemacht haben. Intensivieren Sie in der Folgezeit das Training dieses Bereichs.*

10.3 Reflexe/ Koordination

Neben den durch das untere Rückgrat vermittelten natürlich-körperlichen Reflexen (Zwinkern, Kniereflex, Schrittreflex usf.), die wir ohnehin nicht beeinflussen, wohl aber trainieren können, spielt vor allem die Augen-Hand-Koordination eine große Rolle. Diese läuft zwar auch unbewusst ab, kann aber durch entsprechendes Training erheblich verbessert werden. Ziel ist, Bewegungen insgesamt präziser, kontrollierter und rascher ablaufen zu lassen.

Es gibt eine ganze Reihe von Übungen und Tätigkeiten, die die reflektorischen Fähigkeiten des Körpers, seine Beherrschbarkeit, verbessern. Neben den allgemein bekannten wie z.B. Ballspielen und Jonglieren möchte ich hier einige von mir im Alltag erprobte Übungen vorstellen. Ich persönlich lege großen wert auf Effizienz. Ich habe keine Lust, mich stundenlang zu trainieren, will aber die Resultate eines Trainings nicht entbehren. Daher integriere ich mein Training, so gut es geht, in die normale Tagesroutine. Idealerweise unterstützen sich Training und Routine – so hat man das Beste beider Welten. Weiterhin lehne ich einseitiges Training ab. Was hilft es, wenn ich meine Reflexe

(Auge-Finger-Koordination) durch stundenlanges Computerspielen verbessere, meine Füße und Hände aber weiterhin „langsam" bleiben? Was hilft es, wenn ich am Fließband stehe und einen bestimmten Handgriff mit traumwandlerischer Sicherheit und Geschwindigkeit durchführen kann, aber andere reflektorische Bereiche vollkommen verkümmert sind? Mit den Reflexen verhält es sich ganz so wie mit Beweglichkeit, Ausdauer, Kraft etc. – einseitiges Training ist ineffizient und kann u. U. sogar kontraproduktive Folgen zeitigen.

Hier also einige Übungen, mit denen ich meine Reflexe im Alltag entwickle:

(1) Trail-Laufen, d.h. das Laufen auf unbefestigtem, auch schlüpfrigem Grund – am besten im Wald –, ist eine hervorragende Übung für den gesamten Körper. Traillaufen macht schnelle und leichte Füße, es beschleunigt die Auge-Fuß-Koordination erheblich, macht Spaß und ist gesund. Es birgt allerdings für den ungeübten Läufer ein gewisses Verletzungsrisiko. Springen Sie bewusst über Bachläufe, Pfützen, Wurzeln, ducken Sie sich unter Ästen hinweg, schlagen Sie Haken usf. Ich stelle mir immer vor, ich jage irgendeinem Wild nach oder werde von einem gejagt. Ja, ja, die Wildnis ruft! Um den Traillauf zu variieren und das Maximum an reflektorischem Training aus ihm herauszuholen, nehme ich manchmal Stöcke von verschiedener Länge und Gewicht in die Hand oder trage einen mit unterschiedlichen Dingen beladenen Rucksack usf. – dadurch verbessere ich Balance und Koordination.

(2) Schnellkochen: Eine *bekannte* Mahlzeit in Rekordzeit zubereiten. Ich betone: Es ist ausnehmend wichtig, dass die Mahlzeit bekannt ist. Wir wollen unserem Körper keine Möglichkeit geben, sich auszuruhen, während wir das Rezept studieren. Weiterhin ist es günstig, wenn die benötigten Zutaten an verschiedenen Orten in der Küche gelagert sind und unterschiedliche, jeweils nicht zu lang dauernde Zubereitungsschritte erfordern. Ein Salat mit angebratenen Brotkrumen, geraspelter Karotte, Tomaten, Ziegenkäse, Gurkenstücken und Joghurtdressing ist ein

tolles Versuchsobjekt, da die Hände auf ganz unterschiedliche Weise gefordert werden und zudem verschiedene Arbeitsschritte nebst Werkzeug (Käsereibe, Messer usf.) benutzt werden müssen. Stellen Sie sich eine Eieruhr auf Ihre Rekordzeit ein und versuchen Sie, diese zu schlagen! Variieren Sie diese Übung mit anderen haushälterischen Tätigkeiten, wie Aufräumen, Abwasch usf. – Sie werden erstaunt sein, wie schnell Sie die Hausarbeit hinter sich haben und wie schnell sich Reflexe und Koordination dabei verbessern. Vorsichtig: Lassen Sie es beim Hantieren mit Messern, Klingen nie an der nötigen Umsicht fehlen!

(3) Wäschen falten: Lernen Sie Wäsche auf verschiedene Arten zu falten. Wechseln Sie diese Arten nach jedem Waschgang durch und falten Sie so schnell und so präzise wie möglich die Wäsche. Diese Übung funktioniert mit praktisch allen Haushaltstätigkeiten, die mit Stoffen zu tun haben wie etwa Bettenmachen. Sie ist zwar der Schnellkoch-Übung verwandt, beansprucht aber einen größeren körperlichen Bereich. Während beim Kochen eher die Hände und Unterarme in Benutzung sind, ist vor allem beim Bettenmachen der ganze Arm nebst Oberkörper im Einsatz.

Weitere auf zweierlei Weise nützliche „Übungen" sind etwa Nähen, Stricken, das Basteln mit oder ohne Kinder oder – eine wahrhaft königliche Tätigkeit – musizieren. Achten Sie stets bewusst auf die Paarung von Schnelligkeit und Präzision.

10.4 Kraft

Kraft ist wichtig, aber meiner Meinung nach als einzelner Aspekt körperlicher Fitness betrachtet, überbewertet. Ein kraftvoller Körper ohne Beweglichkeit, Kontrolle und Ausdauer ist vor allem in Krisensituationen praktisch nutzlos, während umgekehrt ein ausdauernder und beherrschter Körper selbst ohne große Kräfte etliche Unbilden überstehen kann. Kraft entfaltet ihre Potenz nur in Kombination mit Ausdauer und Kontrolle. Doch selbst hier zieht die Beschaffenheit des menschlichen Körpers bereits enge Grenzen – ein Greis kann mit einem 800g Hammer einen 5cm langen Nagel ohne Mühe in eine Putzwand schlagen, ein Profiboxer vermag das mit seiner Faust, der der Hammer ja nachempfunden ist, nicht.

Obwohl Kraft bei Weitem nicht das Wichtigste ist, darf sie als Teil einer guten körperlichen Verfassung dennoch nicht vernachlässigt werden. Man muss zwischen echter Kraft (Leistungsfähigkeit) und reiner Muskelmasse unterscheiden. Einer der stärksten Männer, die mir je begegnet sind, war von Beruf Landwirt. Er maß etwa 1.70cm und wog vermutlich nicht mehr als 70kg. Als er sein Haus baute, schleppte er den ganzen Tag 40kg-Zement-Säcke ohne auch nur den Anflug von Erschöpfung zu zeigen. Wenn er Holz schlug, widerstanden selbst dickste Rohlinge nicht der Wucht seiner Axt. Interessant war sein Körperbau: Trotz seiner immensen Kräfte sah mein Bekannter gar nicht aus wie ein Herkules, das Gengenteil war der Fall: Seine Muskulatur war sehr schlank und sehnig.

Wenn man seine Kräfte entwickeln möchte, empfehle ich bewusst natürlich-alltäglichen Tätigkeiten nachzugehen, die die Muskulatur entsprechend fordern. Was hilft das Heben einer Hantel, wenn ich diese Bewegung praktisch nie ausführe? Die Krise trifft die Alltäglichkeit, die Alltäglichkeit muss demnach auch das Feld der primären Vorbereitung sein. Einen Brotteig ohne Maschine zu kneten, ist anstrengend und erstaunlich kräftezehrend – ein aufgepumpter Bizeps und ein schön definierter Trizeps helfen da nichts!

Um die rohe Körperkraft passend und individuell angemessen zu trainieren, empfehle ich Dreierlei:

1. Trainieren Sie grundsätzlich gegen Ihr eigenes Körpergewicht, d.h. ohne Hanteln und zusätzliche Gewichte.

2. Trainieren Sie komplexe Bewegungsabläufe, die mehrere Muskelgruppen gleichzeitig beanspruchen.

3. Legen Sie einen Fokus auf isotonische Übungen, die das Aushalten längerer, relativ gleichbleibender Belastungen (Ausdauer) trainieren.

Klettern – die Hochzeit von Kraft, Ausdauer, Koordination, Präzision

Klettern ist eine hervorragende Sportart, um fast alle genannten Aspekte körperlicher Fitness zu trainieren. Sie fordert praktisch die gesamte Muskulatur, dazu Konzentration und Koordination. Wer glaubt, Klettern wäre nur in entsprechenden (teuren) Indoor-Anlagen oder im Gebirge möglich, täuscht sich. Auch ohne teure Spezialausrüstung kann man klettern. Nur ein paar entsprechende Schuhe sind erforderlich. Akzeptable und für Einsteiger geeignete Ausführungen gibt es im Angebot für unter 40€.

Jede Natursteinmauer erlaubt, horizontal über den Boden zu klettern. Dabei simuliert man über weite Strecken das Klettern im Gebirge, wenn auch die Vertikalbewegung ausbleibt. Finger- und Arme werden beansprucht, ebenso der grob- und feinmotorische Apparat. Wer die Bewegung nach oben sucht, macht es wie die Kinder und sucht sich einen geeigneten Baum, dessen Besteigung nach Möglichkeit weder für Sie noch für den Baum zu gefährlich/schädlich ist.

11 Krisenbewältigung im Kopf

Dem gesunden Körper sollte in gesunder Geist innewohnen. Der Verstand ist ein zentrales Werkzeug, sich an die in der Krise verändernden Gegebenheiten anzupassen. Er sollte belastbar und flexibel sein.

11.1 Psychische Stabilität: Einstellungssache

Besprechen wir nun einige grundsätzliche Verhaltensweisen, die geeignet sind, Krisen von vorne herein kopfseitig zu vermeiden. Der Einschlag der Krise nebst ihrer Folgen trifft die Alltäglichkeit, weswegen wir genau hier ansetzen können und müssen. Die Alltäglichkeit hat eine rein gedankliche Dimension – sie fußt auf common sense, auf dem stillschweigenden Einvernehmen der Bewohner eines sozialen Raums. Je geringer die Angriffsfläche für die Krise, desto geringer ist ihr Einschlag. Dieses Prinzip gilt auch für die vom sozialen Raum vermittelte Krise: Je weniger gemeinsame Berührungspunkte das Individuums mit dem sozialen Raum teilt, desto geringer sind Wahrscheinlichkeit und Wirkung einer Krise dieses Raums.

Cicero, der große römische Rhetor, Politiker und Philosoph, erzählt eine schöne Anekdote, die die stoizistische Lebenshaltung propagieren soll. Stark vereinfacht versucht der ethische Stoizismus Seelenruhe und darin Glückseligkeit durch vernünftige und relativierende Beurteilung lebensfeindlicher Ereignisse zu erreichen. Nicht die Ereignisse, denen wir schutzlos ausgeliefert sind, sind für unser Unglück verantwortlich, sondern unsere Vorstellung von ihnen. Cicero berichtet also von einem Philosophen, dessen Heimatstadt, ich glaube in einem Krieg, vernichtet wurde. Der Mann hat Hab und Gut, Haus und Hof dazu Weib und Kinder, sprich alles verloren. Ein griechischer Hiob, wenn man so will. Doch dieser Mann zeigt im Gegensatz zu seinem biblischen Pendant nicht die geringste Rührung. Seine Wangen sind trocken, sein Gang ruhig. Gefragt, wie er denn den tragischen Verlust so gut verkraften kann, antwortet er mit dem geflügelten Wort: Omnia mea mecum porto – Alles, was ich besitze, trage ich am Leib. Selbstgenügsamkeit, Bescheidung und Relativierung erlaubten es ihm, die Krise in einer anderen, nämlich grundlegenderen Perspektive zu betrachten und dadurch zu erleben. „Alles, was ich habe, trage ich am Leib" – dieser Satz reduziert das Leben auf seinen Vollzug gemäß der 1. Bedürfnisklasse. „Alles, was ich habe..." bezeichnet das nackte Leben. Und solange die Krise jenes nicht vernichtet, hat man sie über-lebt. Dieses reine Überleben aber war unserem Philosophen schon genug.

Ein Gegenstück zu dieser Erzählung bietet Seneca. Er berichtet uns von einem Milliardär, dessen ganzer Lebensinhalt im Ausrichten exquisiter Bankette besteht, die er sich spektakuläre Summen kosten lässt – oft mehrere Millionen. Als sein Verwalter ihm eines Tages eröffnet, dass sein Vermögen auf zehn Millionen zusammengeschrumpft ist, begeht er Selbstmord – die Vorstellung eines Lebens, in dem er auf den gewohnten alltäglichen Luxus verzichten muss und nur noch in großem Wohlstand leben kann, ist ihm unerträglich.

Unsere Lebenseinstellung hat direkten Einfluss darauf, wie wir die Krise erleben und erleiden. Sicher, die genannten Beispiele bilden Extreme, die es so in der Realität kaum geben dürfte, nichtsdestotrotz zeigen sie aber die Wichtigkeit der richtigen Einstellung auf.

Eine gute, stabile Psyche hilft, die psychologischen Folgen einer Krise abzufedern. Und diese spezifisch-innerlichen Folgen sind nicht zu unterschätzen. Eine häufige Folge einer echten, spontanen Krise ist *Panik*. Panik führt zu irrationalem Verhalten, welches wiederum in sich selbst große Gefahren birgt. Wer die Kontrolle über sein Empfinden verliert, verliert die Kontrolle über seinen Verstand. Wer den Verstand verloren hat, kann die Wirklichkeit nicht mehr eingehend beurteilen und Ereignisse nicht mehr angemessen interpretieren. Er folgt dann dem blinden Trieb seines Fleisches, das nur die Bedürfnisse der ersten Klasse kennt und nichts als überleben will. Dieses reflektorisch-tierisch-unmittelbare Verhalten – etwa, wenn wir bei einem lauten Knall zusammenzucken – hilft uns im Alltag. Im Falle einer ausgewachsenen Krise aber kann dieses Verhalten kontraproduktiv werden. Wenn auf der Titanic – um dieses Beispiel nochmals zu bemühen – sofort bei Bekanntwerden des unausweichlichen Untergangs Panik ausgebrochen wäre, wäre nicht ein einziges Rettungsboot herab gelassen und nicht eine einzige Person gerettet worden. Der soziale Raum funktioniert nur durch die Zusammenarbeit seiner Bewohner. Planvolles Zusammenwirken setzt aber ein Mindestmaß an Selbstbeherrschung und Verstand voraus. Daher muss jede Panik verhindert werden. Dies ist der Grund, warum der soziale Raum die Krise bis zum bitteren Ende leugnen und verschweigen muss.

Eine stabile Psyche und gesunde Einstellung zu Leben und Wirklichkeit helfen aber nicht nur, die Krise unmittelbar zu über-stehen, sie helfen auch ihr im Vorfeld auszuweichen, bzw. die Zeit danach zu bemeistern. Wie der Körper kann auch unsere Seele irreparable Schäden erleiden. Wir sprechen dann vom Trauma. Neben den inwendigen Folgen wird auch sein äußeres Verhalten, seine Handlungen und mithin sogar die Handlungsmöglichkeiten, beeinträchtigt. Traumatisierte Personen haben häufig Schwierigkeiten, ihre Alltäglichkeit effektiv und sinnvoll zu gestalten. Diese Einschränkungen werden potenziert, wenn der sie umgebende soziale Raum im Zuge einer Krise erodiert – Solidarität und Hilfe von Familie, Freunden, Nachbarn oder gesellschaftlichen Institutionen ist dann oft nicht mehr oder nicht mehr in den bekannten und gewohnten Maßen möglich. Die Krise trennt in fast darwinistischer Manier die Spreu vom Weizen.

In der Antike ging man von einem anthropologischen Dualismus aus: Der Mensch besteht aus Geist und Körper, die ihrerseits wieder in einer engen Beziehung miteinander sehen. Das Sprichwort, ein gesunder Geist wohne in einem gesunden Körper, symbolisiert dieses Wechselverhältnis und noch mehr als das: Die Aussage, der Geist könne gesund sein wie der Körper, verweist auf die Grunderfahrung, dass der Verstand wie der Körper keineswegs nur etwas fix Gegebenes ist, sondern gleichsam Objekt möglicher Entwicklungen, Veränderungen sein kann. Man kann seinen Geist innerhalb gewisser Grenzen und Möglichkeiten formen und gestalten, man kann ihn *erziehen*. Der Geist beinhaltet in der antike Vorstellung die Seele, die Psyche. Gefühle als Ausdruck des Seelenlebens werden – etwa im Stoizismus und Epikureismus – als Affekte via körperliche Wahrnehmung oder Triebhaftigkeit angesehen, während beispielsweise das Sprechen die umgekehrte Nutzung des Körpers durch den Verstand bezeichnet. Wichtig ist an dieser Stelle nur die Erkenntnis, dass der Geist und vor allem die Seele form- und trainierbar sind wie der Körper. Wie beim Körper müssen wir uns hier auf diejenigen Bereiche von Geist und Psyche konzentrieren, die in der Krise betroffen sind, bzw. ihr Überwinden erleichtern. Wir vereinfachen die Wahl wie die Beschreibung der mentaler Kompetenzen natürlich im Hinblick auf unser Thema und das konkrete Ziel.

11.2 Kommunikationsfähigkeiten

Unter Kommunikationsfähigkeiten verstehe ich die sprachliche Kompetenz sich anderen Menschen gegenüber *verständlich* und *empathisch* mitzuteilen – dies in einer *präzisen*, unumwunden Weise. Kommunikation ist gerade in der Krise wichtig, wenn wir mit anderen unter verschärften Bedingungen kommuniziere müssen. Unsere Kommunikation muss überzeugend und effektiv sein, Streitigkeiten und Unklarheiten müssen schnell aus dem Weg geräumt werden können. Achten Sie auf folgende Aspekte Ihrer Redekunst:

Verständlichkeit bedeutet, zügig auf den Punkt kommen, nicht lange um den heißen Brei herumreden, vor allem aber komplexe Sachverhalte anschaulich und eingängig erklären. Jesus etwa benutzte Gleichnisse um komplexe religiöse Erfahrungen einem ungebildeten Publikum in begreifbarer, jedoch nicht verflachender Weise näherzubringen. Beispiele, Bilder, Allegorien sind andere rhetorische Mittel, um Schwieriges einfach und anschaulich zu kommunizieren.

Präzision meint, eine Sache auf ihre fundamentalen Kerngehalte zu reduzieren. Präzision beschleunigt den kommunikativen Prozess mittels Verdichtung seiner Gehalte. Beides, Verständlichkeit und Präzision setzen das Wissen des Kommunizierenden um den Sachverhalt notwendig voraus. Die Fähigkeit, präzise zu kommunizieren, ist vor allem bei der Organisation von Unternehmungen wichtig, bei denen verschiedene Personen verschiedene Funktionen auszuführen haben. Ein Befehlshaber beispielsweise muss in der Lage sein, präzise zu kommandieren; drückt er sich unklar aus, ist das Chaos praktisch schon vorprogrammiert.

Die Fähigkeit empathisch zu kommunizieren, meint, dass man sich seinen Mitmenschen gegenüber in einer freundlich-verbindlichen Weise auszudrücken vermag. Die Gefühle des Mitmenschen müssen dabei in Wort und Ton zur Grundlage des eigenen Vorbringens werden. Man will nicht nur verstanden, sondern auch als Freund und Partner akzeptiert werden, will Vertrauen aufbauen und Bindungen schaffen.

Als gesellschaftsbildende und arbeitsteilende Spezies ist erfolgreiche Kommunikation für unser Überleben unabdingbar. Der Grund liegt auf der Hand: Alleine sind wir verloren. Hobbes stellt in seinem *Leviathan* fest, dass im Kampf aller gegen alle, der Starke nur verhältnismäßig eng bemessene Vorteile gegenüber dem Schwachen hat, also am Ende auf Konsens und Kooperation angewiesen ist.

Kommunikation ist lernbar, man kann sie verbessern. Ganze Bibliotheken werden von entsprechenden Werken ganz unterschiedlicher Machart und Zielsetzung (und Qualität) bevölkert. Der Rhetor – also der Kommunikationsprofi – war in der Antike ein eigener Berufsstand, der in Polis und Imperium junge Männer adliger Herkunft für eine öffentliche Laufbahn vorbereiten sollte. Der Ursprung der Rhetorik liegt in der Gerichtsrede. Noch heute bildet das Plädoyer der Anwälte den Höhepunkt der eigentlichen Verhandlung. Hier geht es sowohl um die *verständliche* und *pointierte* Darstellung von Fakten als auch darum, Richter, Jury und Publikum von Schuld oder Unschuld des Beklagten zu *überzeugen*.

Wie lernt man, *gut* zu kommunizieren? Ich persönlich glaube nicht, dass es eine bestimmte Methode gibt, die mit Gewissheit ein Optimum an Leistung zeitigen wird. Jeder kommuniziert auf seine je eigene Weise. Daher sollten auch die Methoden, die Kommunikation zu verbessern, individuell abgestimmt sein. Mir haben Studium, Zusammenfassung und Weitergabe mehr oder minder komplexer philosophischer Texte sehr geholfen. Hier meine Methode: Ich arbeite mich durch eine Passage Hegel oder Kant. Ich wühle und grabe mich Satz für Satz voran wie ein Maulwurf in lehmigem Grund. Ich bemühe mich, den Sinn präzise zu erfassen und zu verstehen. Bin ich mir sicher, dass ich den Stein der Weisen in meinen Besitz gebracht habe, schreibe ich ein kurzes Exzerpt unter Benutzung von Stichworten und Zeichnungen (ein Spleen von mir, Verhältnisse und Verknüpfungen aufzuzeichnen). Dann überlege ich mir Beispiele und Vergleiche, die das Erkannte irgend fass- und greifbar machen, wie Jesu Gleichnisse und Beispiele benutzte, und so auch Sokrates, Kierkegaard, Nietzsche usf. Schließlich rede ich mit Freunden, meiner Frau oder auch meinen Kindern darüber. Hier findet nun die eigentliche kommunikative Entwicklung statt, muss ich doch meinen nicht mit dem Text, noch mit dem Gedanken, noch mit der Art des Denkens vertrauten Zuhörern etwas sehr Kompliziertes sehr einfach und schmackhaft weitergeben. Ich muss verständlich sein, präzise und ein Stück weit auch unterhaltsam und interessant, d.h. empathisch.

11.3 Soziale Kompetenzen/ Mimikry

Empathische Kommunikation, um direkt an das Vorangegangene anzuschließen, setzt zuverlässiges Wissen um die Befindlichkeit des Anderen voraus. Verständlichkeit und Präzision in der Rede sind Kompetenzen, die man wie ein Handwerk erlernen kann. Empathie dagegen besitzt man in bestimmter Quantität und Qualität; sie ist eine *Eigentümlichkeit* und liegt wie ein Fundament den übrigen sozialen Fähigkeiten und Möglichkeiten zu Grunde.

Jeder Mensch ist mehr oder minder empathisch veranlagt. Entsprechend besitzen selbst die meisten Autisten soziale Fähigkeiten, mögen diese auch stark eingeschränkt und selektiv sein. Empathie und soziale Kompetenzen sind weiterhin von den Personen abhängig, mit denen man zu tun hat. Manch einer ist geselliger, zugänglicher, der Umgang mit ihm leichter. Die Gefühle, die das menschliche Miteinander definieren, entfalten ihr Spektrum erst im Miteinander, in der Begegnung. Menschen können einander ergänzen und so Defizite, auch emotionale Defizite, kompensieren!

Ich möchte an dieser Stelle keine Philosophie des Fühlens und Mit-Fühlens entwickeln. Für unsere Zwecke genügt es, sich auf diejenigen sozialen Fähigkeiten zu konzentrieren, deren Potenz man durch bestimmte Verhaltensmaßregeln aktiv beeinflussen kann und die in der Krise relevant sind oder zumindest werden können. Fehlt die empathische Grundlage – ich wiederhole es nochmals –, ist also das Fundament schwach, wird auch das hierauf errichtete Gebäude wankend bleiben. Trotzdem kann man auch in diesem Fall das Beste aus dem machen, was man besitzt.

Hohe soziale Kompetenz erlaubt, uns innerhalb eines sozialen Raums sicher und erfolgreich bewegen zu können. Wir müssen mit anderen Bewohnern des Raums zurechtkommen – unser Leben hängt davon ab. Dieses Zurechtkommen geschieht durch das Wahrnehmen und Einhalten gewisser offener oder subtiler Regeln, die den Umgang der Bewohner des sozialen Raums untereinander definieren. Es könnte banaler kaum sein, aber wir sprechen hier von Sitte, Anstand, Konvention, Höflichkeit. Gemeint sind hier natürlich nicht, irgendwelche antiquierten Verhaltensregeln, sondern die je gelebten, aktuellen Verhaltensnormen, gleich ob man sie für defizitär hält oder nicht. Wer einen Eindruck vom Wandel sozialer Verhaltensregeln gewinnen will, kann einen Liebesfilm aus den 50er Jahren mit einer Schnulze neueren Baujahrs vergleichen.

In einer Krise des sozialen Raums wird auch und vor allem das Miteinander der Menschen betroffen. Personen, deren Verhalten normgerecht und daher berechenbar ist, werden tendenziell von ihren Mitmenschen bevorzugt behandelt. Es geht hier nicht um Tricks, die andere hinters Licht führen sollen, sondern ganz simpel um Konformität, um ein Gespür für das je Angemessene.

Soziale Bevorzugung geht Hand in Hand mit sozialem *Status*. Gemeint sind hier nicht Statussymbole wie Autos oder Yachten, sondern das Image, das Bild, das andere von einer Person haben und mit der sie bestimmte Verhaltensweisen verknüpfen. Ein Arzt besitzt ein bestimmtes Image, ein Anwalt ein anderes, und wieder ein anderes ein Handwerker, ein Briefträger usf. Würden wir in eine kritische Situationen geraten und wären dort von einer Reihe fremder Personen umgeben, würden wir diese zunächst aufgrund *unserer* gesellschaftlichen *Vorurteile* bewerten und behandeln – diese Verhalten ist norm-al und innerhalb des funktionierenden sozialen Raums auch zuträglich und sogar notwendig.

Neben dem Status, den wir im gesellschaftlichen Kontext einnehmen, besitzen wir ein eigenes, sozusagen privates Image, welches wir recht frei gestalten können. Die Wahl der Kleidung und der je angeschlagene Ton sagen bereits sehr viel über uns aus, bevor wir den Mund auch nur geöffnet haben.

Um krisenfähig zu sein, schlage ich die Pflege eines konservativ-angepassten Images vor. Blend-in – passen Sie sich ihrem sozialen Umfeld an, auch wenn ihr persönlicher Geschmack und Lebensstil differiert – später, wenn wir über die Wahl des Wohnortes sprechen, kommen wir hierauf noch einmal zurück.

Je engmaschiger das soziale Umfeld ist, desto mehr sollte auf Konformität geachtet werden. Hexen, um ein eher düsteres Beispiel zu bemühen, hat man vor allem in ländlichen Regionen gejagt und verbrannt, weil dort abnormes Verhalten stärkerer herausgetreten ist als in der liberaleren Stadtkultur. In einem 200 Einwohner zählendem Dorf, wo jeder jeden kennt, sind sozialer Druck und Kontrolle verständlicherweise höher als im form- und gesichtslosen Meer jener Menschenmassen, die die Städte bevölkern. Entsprechend fallen die Sanktionen abnormen Verhaltens anders aus.

Trotz aller äußerlichen Anpassung an Normen und Regeln, trotz aller gebotener Höflichkeit den Mitmenschen gegenüber – Dinge, die man abseits bewusster Krisenvorbereitung ohnehin tun sollte – darf man nicht den Fehler begehen, zur Gänze in der Alltäglichkeit des sozialen Raums unterzugehen. Wir haben gesehen, dass gerade diese Alltäglichkeit die zentrale Angriffsfläche für eine Krise 3. Klasse ist, bzw. durch sie an den Einzelnen vermittelt wird. Weiterhin darf an dieser Stelle nicht vergessen werden, dass es gleichsam zum Modus der Alltäglichkeit gehört, die Krise zu leugnen, sie zu verschweigen und sich jenen gegenüber feindselig zu verhalten, die die Krise durch Wort oder Tat „sichtbar" machen. Eine innere Distanz muss also eingehalten werden, ein kritischer Blick, ein insgeheimes Zweifeln an den Wahrheiten des Alltags, ein grundsätzlicher Argwohn gegen jede gesellschaftliche Bevormundung und Konvention. Laut, d.h. im öffentlichen Raum, sollte man diese Zweifel nie äußern. Leise kann man sie bestenfalls im engsten Kreis der Freunde und Familie zur Sprache bringen – hier bitte ohne jede Polemik und Angstmache, sondern sachlich, ruhig, nüchtern, lösungsorientiert, als würde man die Möglichkeiten einer Unternehmung verhandeln, für die man kein persönliches Interesse hegt.

11.4 Stressresistenz/ innerlich vorbereitet sein

Lässt man sich von der Krise, bzw. schon vom Reden über sie, innerlich berühren, gerät man in Stress. Stress ist neben Panik die zerstörerischste psychische Disposition, die man sich während einer echten Krise denken kann. Vielen Krisen erzeugen Stress als primäre Folge.

Während Panik nur ein kurzes Aufflackern der Empfindung bezeichnet, kann Stress zum Dauerzustand werden. Entgegen der Panik setzt hier der Verstand nicht aus, sondern er wird vielmehr von irrationalen oder einseitigen Vorstellungen vernebelt. Aus Mücken werden Elefanten. Zudem draint Stress die psychische Widerstandskraft und die gedankliche Elastizität. Wer im Stress ist, trifft generell schlechtere Entscheidungen. Sein Verstand ist gefangen, er ist...geblendet, d.h. er sieht die Dinge nicht mehr wie sie sind, sondern so, wie seine Ängste und Sorgen sie ihm vorstellen – unendlich vergrößert, chimärenhaft.

Es gibt eine ganze Reihe von Methoden, mit Stress umzugehen. Langfristig hilft ein ausgewogener, ruhiger Lebensstil, Stress zu vermeiden. Yoga und autogenes

Training sind eher mittelfristig wirkende Praktiken. Kurzfristig haben sich Atemübungen und Medikamente als nützlich erwiesen. Bei all diesen Methoden geht es um Stressvermeidung oder um das Überwinden von Stressspitzen, nicht aber um Stressresistenz. Wer stressresistent ist, gerät später und schwerer in einen entsprechenden Zustand und verlässt diesen schneller und leichter wieder. Stressresistente Personen haben ein „dickes Fell"; die Dinge gehen ihnen nicht „unter die Haut".

Mir ist nur eine Methode bekannt, die Stressresistenz wirklich und effektiv fördert: Abhärtung durch Konfrontation.

Wenn man lernt, barfuß zu laufen, tut einem am Anfang jeder Schritt gehörig weh. Nach ein paar Wochen bildet sich auf der Sohle eine Hornhaut, die das *Fühlen* der Bodenbeschaffenheit *dämpft*. Desgleichen kann man die Psyche an Stress gewöhnen, indem man Stress nicht vermeidet, sondern ihn in kontrollierter und dosierter Weise sogar aktiv sucht, bzw. sich ihm aussetzt. Stress ist eine Reaktion auf Reize aus der Umwelt. Wie die meisten Zustände kann man auch diesen artifiziell erzeugen. Wenn wir etwa einen Actionfilm anschauen, empfinden wir Stress, obgleich wir gemütlich auf dem Sofa liegen.

Bei der Abhärtung gegen Stress ist die Art des Stresses, bzw. seine Ursache im Auge zu behalten. Laute Geräusche etwa verursachen Stress, desgleichen bewirkt vollkommene Stille, desgleichen bewirken irrationale Zukunftsängste (hier greifen, wie wir gesehen haben, viele *falsche* Krisen schon vor), desgleichen bewirkt Langeweile, desgleichen Überforderung usf. Gegen welche Art von Stress soll man sich nun wappnen, um krisenfester zu werden? Auf welchem Boden müssen wir barfuß zu gehen lernen?

Die Antwort liegt in der zu erwartenden Störung der Alltäglichkeit durch die Krise, bzw. in der neuen, von und durch die Krise gestalteten Alltäglichkeit. Wir müssen hier mit mehr oder weniger wahrscheinlichen Szenarien arbeiten, müssen prognostizieren, welche Ereignisse welchen Stress auslösen werden. Sicherlich ist eine perfekte Vorbereitung nicht möglich, ist doch der Zusammenbruch eines sozialen Raums schon für sich genommen ein so komplexes Ereignis, das etliche Kollateralwirkungen zweifellos übersehen werden. Wie kann man sich, wenn wir die Perspektive auf den privaten Raum richten, auf eine Krankheit vorbereiten, für deren Erleben und Verlauf am eigenen Leib man keinerlei Vergleichsgrößen besitzt? Man muss hier auf Erfahrungen anderer zurückgreifen, Vergleiche ziehen, Parallelen bilden und schließlich das Wahr-Scheinliche – eine Annäherung an den zu erwartenden Fall, eine Prognose konstruieren.

Welche Art von Stress wird eine Krise des sozialen Raums mit sich bringen? Nun, die primäre Funktion des sozialen Raums ist, wie wir gesehen haben, die Bedürfnisbefriedigung des Individuums zu unterstützen. Die gesamte Alltäglichkeit des sozialen Raums, seine Institutionen, Normen, Konventionen usf. – alles dient dem einen Zweck, das nackte Leben zu erhalten (Bedürfnisklasse 1) und zu vermehren (Bedürfnisklasse 2). Die Folgen einer Krise sind dementsprechend in der Hauptsache Störungen der gesellschaftlichen Alltäglichkeit, die sich auf die Alltäglichkeit des Einzelnen niederschlagen. Dieser Niederschlag ist die Ursache von kriseninduziertem Stress, gegen den eine Resistenz aufzubauen, eine mehr als sinnvolle Vorbereitung ist.

Um eine Vorstellung von den Ursachen dieses kriseninduzierten Stresses zu bekommen, stelle man sich nur vor, wie eines morgens das Auto nicht mehr anspringt, oder wie man auf dem Weg zu einem wichtigen Termin in einen unerwarteten Stau gerät. Der leere Supermarkt, die ausbleibende Hilfe durch Feuerwehr, Krankenwagen und Polizei, der nicht ankommende Zug, Strom- Wasserausfall, Ausfall der Heizung im Winter usf. Diese und ähnliche Katastrophen des Alltags verursachen – berechtigt oder nicht – Stress. Gegen diesen Stress wird man resistent, wenn man sich angewöhnt im Notfall, d.h. im Falle eines Versagens des sozialen Raums, auf sich alleine gestellt zu handeln und zu agieren. Ein Beispiel: In Niederbayern schneit es im

Winter häufig und viel. Entsprechend routinierter und entspannter gehen die Menschen dort mit schlechten Straßenverhältnissen um. In den trockeneren Mainregionen bricht dagegen teilweise schon bei etwas Regen das Chaos aus.

Sie können natürlich den Zusammenbruch des sozialen Raums nicht 1zu1 simulieren. Aber Sie können sich auf das unvermittelte Versagen einzelner, für sie relevanter Bereich mental einstellen.

Sankt Krisentag

Jeden Morgen werfen wir einen 20seitigen Würfel. Trifft man die 1, wird Sank Krisentag gefeiert. Mit Sanktkrisentag feiert man die Errungenschaften der Zivilisation, indem man auf sie verzichtet. D.h. das Auto existiert an diesem Tag nicht mehr, der Supermarkt ist leer, der Strom ist ausgefallen, die Toilette ist nicht nutzbar, es fließt kein Wasser und die Heizung hat den Geist aufgegeben. Die Kinder gehen nicht in die Schule, Papa nicht zur Arbeit, auch nicht die Mama. Man ist zu hause und meditiert über die Selbstverständlichkeiten des Daseins! Viel Spaß – es gibt keine bessere, mentale und reelle Vorbereitung auf die Krise als Sanktkrisentag zu begehen. Probieren Sie es einmal aus, es wird Ihren Blick auf den Alltag verändern und Sie für Störungen der Alltäglichkeit sensibilisieren. Außerdem lernen Sie mit Gelächter und Langmut zumindest den initialen Ausfall des sozialen Raums zu überstehen und die ersten Schritte sind ja bekanntlich die schwierigsten.

11.5 Lernfähigkeit, Kombinationstalent usf.

Lernfähigkeit, Auffassungsgabe usf. bezeichnen Fähigkeiten des Verstandes, neues Wissen zu erwerben und bestehendes in neuen Verknüpfungen zu organisieren. Cleverness wäre die in der Umgangssprache angemessene Bezeichnung. Aristoteles, um diesen großen antiken Denker zu bemühen, unterscheidet in seiner Ethik Wissen und Klugheit als zwei Aspekte seelisch-rationaler Tätigkeit. Vereinfacht ausgedrückt meint das eine Fakten – und Sachwissen – Bildungsinhalte würden wir es nennen –, das andere ist die Fähigkeit, dieses „Wissen" *praktisch* anzuwenden.

Es gibt unglaublich ungebildete Menschen, die beispielsweise großartige Handwerker und Geschäftsleute sind, nicht weil sie *wissen,* was sie tun, sondern weil sie tun, was sie *können.* Auf der anderen Seite kennen wir alle jene hochausgebildeten Fachkräfte und Akademiker, die abseits ihrer normalen Betätigung oft unpraktisch, verkopft, kompliziert oder gar bis zur Schwelle der Lebensunfähigkeit zerstreut sind.

Wissen ist immer wertvoll. Mächtig wird Wissen aber nur, wenn es etwas *macht*. Vor allem in Zeiten der Krise entscheidet nicht die Theorie, sondern die Praxis über Gedeih und Verderb. Wer Wissen anzuwenden weiß, ist hier klar im Vorteil. Auch wer praktisches, d.h. sofort anwendbares Wissen besitzt, darf sich als privilegiert betrachten: Die exakte Höhe des Himalaja zu kennen, hilft in einem kollabierenden sozialen Raum nicht wirklich weiter, wohl aber das Wissen über verschiedene Nutzpflanzenarten, ihr natürliches Vorkommen, ihre Verwendbarkeit, Besonderheiten ihres Anbaus usf. Die Gewinnung, Speicherung und Vertiefung theoretischen Wissens geht Hand in Hand mit der Entwicklung und Differenzierung des soziales Raums. Gleiches gilt für Kunst, Literatur und Technologie. Je weniger effizient und funktional der soziale Raum, desto schwerer wird konkret-praktisches Wissen gewichtet, desto wichtiger ist aber auch die Fähigkeit, *praktische* Kompetenzen zu erwerben und anzuwenden.

Lernfähigkeit betrifft daher nicht nur die Fähigkeit, Neues aufzunehmen bzw. Altes in neuen Verknüpfungen zu verstehen, sondern auch das Wesentliche schnell und präzise zu erfassen. Ein Schnelllerner wird zu Beginn eines Lernprozesses diese drei Fragen stellen: Was kann es? Wie kann man es machen? Wie funktioniert es?

„Was kann es?" ist selbsterklärend. In der Krise interessiert vornehmlich der unmittelbare Nutzen im Hinblick auf die Befriedigung der ersten beiden

Bedürfnisklassen. Die Frage „Was kann es?" kann daher auch lauten: „Was nützt es mir?"

„Wie kann man es machen?" – wiederum interessiert den Schnelllerner primär die praktische Umsetzbarkeit und Anwendbarkeit einer für ihn nützlichen Sache. Detail- und Grundlagenwissen spielt an dieser Stelle nur insofern eine Rolle, als es für die korrekte Ausführung bedeutsam ist.

„Wie funktioniert es?" – diese Frage schlägt bereits den Bogen zur theoretischen Aufarbeitung praktischen Wissens, wobei das Motiv hierfür eindeutig noch auf der praktischen Seite liegt. Die Antwort auf die Frage dient nämlich nur sekundär dazu, den Wissensstand zu erhöhen – bedeutet: Wissen zu schaffen, Wissen-schaft zu treiben etc. Vielmehr werden die Bedingungen des Funktionierens unter einer praktischen Perspektive behandelt. Wer beispielsweise weiß wie ein Motor funktioniert, kann ihn reparieren bzw. ihn *reproduzieren*; wer weiß, warum ein Landwirt tut, was er tut, kann dessen Fertigkeiten leichter und effizienter lernen, bzw. sie weitergeben.

Lern- und Kombinationspotenziale werden über weite Strecken in der Kindheit erworben bzw. sind ererbt. Ihre Steigerung im Erwachsenenalter ist schwierig. Man kann zwar neues Wissen erwerben, die Schnelligkeit des Erwerbs und die gedankliche Agilität, die für die Übertragung des Erlernten auf konkrete Probleme der Alltäglichkeit nötig ist, sind dagegen begrenzt. Eine sinnvolle Methode, seine Lernfähigkeit zumindest zu erhalten ist... ihre stete Anwendung. „Damit alles so bleiben kann, wie es, muss sich alles verändern", heißt es im Film „Der Leopard" von Visconti. Wie für den Körper gilt auch für den Geist: Use it or loose it. Gift für den Verstand sind passive und eintönige Tätigkeiten wie Fernsehschauen oder Fließbandarbeit. Die Konfrontation mit Neuem, Unbekanntem und Unberechenbarem dagegen sind wohltuend und förderlich. Ideale Betätigungen sind Lesen, Schreiben und *echte* Gespräche, also solche, bei denen die Teilnehmer nicht nur einander erzählen, sondern auf das Vorbringen des anderen hören und darauf eingehen. Komplexere Brettspiele sind ebenfalls gut. Das Erlernen von Regeln, ihre Anwendung und die Verfeinerung ihrer Anwendung erhalten und steigern die individuelle Cleverness.

11.6 Gedächtnis

In Zeiten der Krise ist eine gutes Gedächtnis unabdingbar. Diese Feststellung mag auf den ersten Blick nicht unbedingt plausibel sein. Warum erfordert die Krise ein gutes Gedächtnis? Sicher, ein gutes Gedächtnis ist in jedem Fall vorteilhaft und wünschenswert. Im Alltag kann man sich aber auch ohne Weiteres auf etliche kleine Hilfsmittel stützen, um den ohnehin von Vielem in Anspruch genommenen Kopf von Kleinigkeiten wie einer Einkaufsliste freizuhalten. In der Krise stehen die Dinge anders.

Erstens werden wir womöglich jene Gimmicks entbehren müssen, die uns sonst den Alltag erleichtern. Davon abgesehen, wird die Krise die Alltäglichkeit ohnehin ganz oder in Teilen aus den Fugen heben. Dementsprechend müssen Situationen gemeistert werden, die neu und herausfordernd sind. Auf uns alleine gestellt, d.h. ohne die Hilfe des sozialen Raums, verändert sich das Verhältnis des Einzelnen zu seiner Umwelt. Passte sich der soziale Raum über die angebotenen Hilfestellungen unseren Bedürfnissen an, so sind es nun wir, die sich ihm anpassen müssen. Dieser Anpassungsprozess erfordert die Organisation, bzw. Reorganisation des Alltags gemäß den durch die Krise veränderten Bedingungen. Diese Organisationsleistung ist es, die ein hervorragendes Gedächtnis voraussetzt. Das Gedächtnis speichert Informationen, Erfahrungen usf. die die Grundlage für Entscheidungen aber auch routiniertes Verhalten bilden. Je größer und differenzierter dieser Informationsschatz, desto bewusster und weitsichtiger werden sich die Entscheidungsprozesse aus ihm heraus entwickeln können und desto agiler und effizienter werden wir unter erschwerten, unberechenbaren und unbekannten

Bedingungen zu leben wissen.

Ein gutes Gedächtnis erleichtert etwa das in Erinnerung-behalten von Personen und deren Eigenschaften und Eigenheiten. Gerade in Zeiten der Krise wird das Miteinander auf die Probe gestellt. Unter norm-alen Bedingungen kommt man norm-alerweise mit den Mitmenschen, auch mit schwierigeren Exemplaren, aus. Die Alltäglichkeit, Sitten und Konventionen, Höflichkeit und Anstand, regeln und automatisieren den sozialen Verkehr – dies freilich oft bis zu dem Punkt, an denen Menschen als reine Ressourcen und Funktionsträger erscheinen. Die Krise zerreißt diesen Schleier. Eine schwere Krankheit verändert das Verhalten des Betroffenen – man erkennt ihn kaum wieder, Not und Angst zerstören die Fassade freundlicher Zurückhaltung. Der soziale Raum reagiert entsprechend, die Analogie zwischen Krankheit und Krise ist auch an diese Stelle statthaft. Die Polizei beispielsweise als Institution zur Pflege der öffentlichen Ordnung ist in einem gesunden sozialen Raum Freund und Helfer. In einem von der Krise befallenen Raum kann sie jedoch zum Instrument des Terrors werden. Unsere eigene Geschichte kennt beide Fälle – ein gutes Gedächtnis macht sich auch hier bezahlt.

Das Gedächtnis zu trainieren ist sehr einfach. Entsprechende Literatur gibt es praktisch ohne Ende. Der Grundtenor laute auch hier: Verbesserung durch Benutzung. Das beste Übungsfeld ist der Alltag. Beginnen Sie Termine, Einkaufslisten, Namen usf. nicht mehr aufzuschreiben oder elektronisch zu notieren, sondern benutzen Sie dazu die Festplatte in ihrem Kopf – Ihr Hirn ist ein hervorragendes Werkzeug.

11.7 Instinkt

Der letzte Bereich des Geistigen, der für die Krisenbewältigung von großer Bedeutung ist, ist der Instinkt. Es ist relativ schwer, dieses Phänomen zu beschreiben, entspringt es doch dem animalisch-unbewussten Teil unseres Wesens. Instinkt ist die

Intelligenz eines Tieres, dessen Sinne ganz im Einklang mit seinen Bedürfnissen und seiner Lebenssphäre stehen. Der Instinkt, um es simpel zu fassen, lässt den Fuchs den Hasen finden und die Spinne ihr Netz weben.

Der Mensch ist ein instinktreduziertes Lebewesen. Der Instinkt ist irrational und situativ, während der Verstand rational und umfassend arbeitet. Der Verstand ist nötig, den sozialen Raum zu konstruieren. Er erfindet Regeln und Gesetze (logische und ethische) und ordnet sich ihnen unter. Der Instinkt *fühlt und deutet* die natürliche Umwelt gemäß ihrer Potentiale, Bedürfnisse der 1. und 2. Klasse zu befriedigen oder zu stören.

In unserer modernen Lebenswirklichkeit referieren wir auf den Instinkt meist als „Bauchgefühl". Wir lernen, nicht auf unser Bauchgefühl zu hören, sondern unserem Verstand zu folgen. Innerhalb des sozialen Raums ist das durchaus sinnvoll, ist der Verstand doch gleichsam der Architekt dieser Lebenssphäre. Sobald die Krise aber den sozialen Raum erfasst und seine Regeln zu stören beginnt, kann das blinde Vertrauen auf den rechnenden Teil unseres Innenlebens fatale Folgen haben, während der Instinkt Wege des Überlebens zu öffnen vermag. Denn der Instinkt ist keineswegs so irrational und darin irrend, wie man annimmt – das Gegenteil ist der Fall. Der Verstand arbeitet mit Daten, mit Informationen, die er den Gesetzen der Logik folgend deutet. Die Grundstruktur der Vernunft ist die Kausalbeziehung *Ursache-Wirkung*, das Grundgesetz der Satz vom Widerspruch: Etwas kann nicht zugleich sein und nicht sein. Alle Erzeugnisse der Vernunft, die Sprache mit eingeschlossen, fügt sie sich doch gleichfalls mit ihrer Grammatik dem strengen Gesetz kausaler Verflechtung (kein Satz ohne Subjekt usf.), tragen diese Prägung. Die Wirklichkeit muss sich der verstandesmäßigen Gesetzgebung allerdings nicht notwendig und allezeit unterordnen, obgleich die Vernunft nicht müde wird zu versuchen, alles ihrem Diktat zu unterwerfen. Alles, was geschieht, versuchen wir in unser *vernünftiges* Weltbild (Welt nach den Gesetzen der Vernunft geordnet) einzugliedern, obgleich wir ständig auf Paradoxien stoßen, die uns die engen Grenzen des verstandesmäßigen Erkennens schmerzhaft aufzeigen.

Der Instinkt arbeitet anders. Er interpretiert keine Eindrücke, sondern reagiert auf sie. Seine Erzeugnisse sind Empfindungen, Gefühle und auch körperliche Reaktionen. Der Instinkt ist die Intelligenz des Fleisches. Sein „Material" erhält er aus dem unmittelbaren Erleben der durch das Sensorium vermittelten Eindrücke aus der Umwelt. Die Liebe auf den ersten Blick, der Ekel, wenn einem ein unangenehmer Geruch entgegenschlägt, die Begeisterung in der Masse bei einem Fußballspiel – der Instinkt ist es, der diese Erlebnisse orchestriert, der Verstand interpretiert sie erst im Nachhinein.

Warum ist der Instinkt vor allem in Bezug auf die Krise wichtig? Zunächst erkennt er sie lange vor dem Verstand. Jener konstruiert nicht nur die soziale Welt, er ist gleichsam in ihr gefangen und daher blind für Einflüsse, die geeignet sind, sie zu zerstören. Es kann nicht sein, was nicht sein darf, sagt er sich. Allein die Vorstellung, dass unsere „Welt" jemals aufhören könnte zu sein, wie sie ist, ist für den Verstand zwar denk- aber nicht fassbar. Selbst entsprechende literarische oder filmische Versuche, die Welt nach der Welt zu beschreiben, bleiben doch immer in unserer Wirklichkeit verankert, sei es, dass die neue Wirklichkeit bereits bekannte Elemente in Variation vorstellt, sei es, dass beispielsweise der Protagonist noch mit der alten Welt irgend verwandt oder verbunden ist oder jene wiederentdeckt.

Der Instinkt ist frei von dieser Befangenheit und darum das geeignete Mittel, Störungen im Umfeld, die auf eine Krise hindeuten könnten, vorzeitig wahrzunehmen. Diese Wahrnehmung geschieht unbewusst, unwillkürlich, fühlend, ahnend – der Prophet bringt sie in ein Wort, meist ein dunkles, bedrohliches. Das Gefühl, das irgendetwas nicht stimmt – jeder kennt es – ist Resultat einer solchen *instinktiven Erkenntnis*. Wir haben gelernt, unserem Bauch zu misstrauen. Was der Instinkt *erkennt*, ist eben nur Gefühl, Empfindung. Darum ist es *klug*, dem Bauchgefühl nicht blind zu vertrauen. Klug ist es aber auch, den Bauch nicht zu ignorieren, sondern mit den Mitteln der Vernunft der

Ursache des Ungefühls nachzuspüren, um es zu entkräften oder den Verdacht ggfs. zu erhärten.

Während der Krise erweist sich ein gut entwickelter Instinkt als stiller, doch zuverlässiger Mahner in vielen Situationen. Man denke, um einen Vergleich zu haben, nur an das feine Gehör der Katze: Selbst im stets leichten Schlaf wenden sich ihre Ohren solchen Geräuschen zu, die innerhalb ihrer Lebenssphäre Relevanz besitzen könnten, während die dieser Sphäre fremden Geräusche schlicht ignoriert werden. Ein leises Rascheln rührt das Ohr, doch das Geplärr der Radiomusik bleibt ohne Wirkung. Die Aufmerksamkeit des Instinktes trägt sich der *natürlichen* Umwelt an, und ist blind für die Wirklichkeit der *artifiziellen*. Der leichte Schlaf, das unruhige Wachen, das genaue Beobachten einer Gegend – Zeichen des arbeitenden Instinktes. Und mehr als dies: Das Ins-Auge-Springen einer Abnormität (siehe: Finde-den-Fehler Rätsel!), einer Abweichung von der unbewusst wahrgenommenen Wirklichkeit zeigt das Funktionieren jenes animalischen Ur-Gespürs tief in uns.

Ich betone es nochmals: Ein gesunder Instinkt ist ein Hilfsmittel, vielleicht das Wichtigste vor und in der Krise. Trotzdem ist seine *Autorität* nie über die des rechnenden Verstandes zu stellen. Beides, Verstand und Instinkt, ergänzen einander, stehen nebeneinander, bilden zwei Interpretationspotentiale für äußere Einflüsse. Sie sind keine Konkurrenten, wie Ohr und Auge keine Konkurrenten sind.

Je differenzierter und entwickelter der soziale Raum, die uns umgebende artifizielle Welt der Zivilisation ist, desto wichtiger ist der Verstand, desto hinderlicher und verwirrender ist der Instinkt und umgekehrt.

Den Instinkt kann man nicht „trainieren" wie das Gedächtnis. Zu tief und zu grundlegend sind sein Sitz und seine Funktion innerhalb des Daseins. Man kann aber seine Leistungsfähigkeit kennenlernen und so den Verstand für das „Grummeln des Bauches" sensibilisieren. Wir können lernen, auf unseren Instinkt zu hören, ohne ihm notwendig folgen zu müssen. Die Methodik hierzu möchte ich als *Verwildern* bezeichnen.

Ein populärerer Ausdruck wäre Back to nature oder Back to the roots. Beschrieben wird ein Lebensstil, in dem die Wahrnehmung der natürlichen Umwelt planvoll und aktiv gefördert und dabei bewusst reflektiert wird. Die eigene Körperlichkeit wird zum leitenden Prinzip des Handelns.

12 Krisenbewältigung im sozialen Raum

Wir haben erst den Leib krisenfest gemacht, dann den Geist. Damit haben wir gleichsam die ersten beiden Bedürfnissphären mit einem recht guten und haltbaren Schutz im Sinne einer Resistenz umgeben. Wir sind *geimpft* gegen die Krise, was natürlich nicht bedeutet, dass wir von ihr verschont bleiben. Wir haben nur die Chancen, die „Krankheit" gut zu überstehen, bedeutend erhöht.

Im folgenden Abschnitt sprechen wir über Krisenvorbereitung und -bewältigung hinsichtlich der 3. und anfälligsten Lebenssphäre, dem sozialen Raum. Wir fragen uns, wie wir uns positionieren müssen, um im Falle einer Krise die bestmöglichen Lebens- und Überlebenschancen zu haben. Es ist wie die Wahl eines Flugzeugsitzes oder eines Wohnortes: Es gibt sichere und weniger sichere Plätze, wobei Sicherheit natürlich immer abhängig von der jeweiligen Krise zu definieren ist. Wer neben einem hochwasserführenden Fluss baut, wird tendenziell öfter Opfer einer Flut, als jemand, der eine Anhöhe bewohnt – dieser wird dagegen häufiger von Stürmen heimgesucht werden, die in Flusssenken deutlich milder verlaufen.

Was die individuelle Positionierung angeht, werden wir sowohl Wohnort und Beschaffenheit der Wohnung als auch Freunde, Familie, Beruf/ Skillset, Mobilität usf. zu besprechen haben. Ziel ist, den individuell bestmöglichen Platz im sozialen Raum im Hinblick auf die wahrscheinlichsten Krisenwirkungen zu definieren.

12.1 Einfacher und bescheidener Lebensstil

Der gewählte Lebensstil sollte nicht nur im Hinblick auf seine mögliche Störung durch eine Krise einfach und bescheiden d.h. mit möglichst geringer Angriffsfläche gewählt werden. Ich spreche hier sowohl aus persönlicher Erfahrung als auch in den Traditionen lebensanschaulich-philosophischer und religiöser Systeme stehend, die uni sono das Gleiche empfehlen. Ob Christentum, Buddhismus, Islam, Judentum, Stoizismus, Romantik oder Existenzialismus: das einfache, bewusste und auf das Wesentliche fokussierte Leben bildet die ideale Grundlage für Zufriedenheit, Glück, Erleuchtung, Erlösung oder was sonst als letztes, höchstes Ziel menschlichen Seins angestrebt wird. Aber abgesehen von irgendwelchen höchsten Gütern hat das einfache Leben neben vieler offensichtlicher Vorteile auch im Hinblick auf die Krise viele positive Aspekte: so reduziert es beispielsweise die Abhängigkeit des Einzelnen vom sozialen Raum. Wer sich etwa selbst versorgen kann, ist weitestgehend immun gegen Wirtschaftskrisen. Bleiben die Supermarktregale leer, hat der unvorbereitete Nichtraucher gegenüber dem Raucher zumindest den Vorteil, dass er neben Hunger- nicht noch Entzugsqualen aushalten muss. Ein schwacher Trost, aber immerhin.

Ein einfacher Lebensstil besteht generell darin, Grundbedürfnisse der ersten beiden Klassen auf die simpelste und effiziente Weise zu befriedigen: Ein Stück Brot und ein Glas Wasser stillen Hunger und Durst genauso gut wie ein teures 5-Sterne-Menü und erlesener Wein. Ich will nicht sagen, dass letzteres nicht eine feine und durchaus erstrebenswerte Sache darstellt. Aber Luxus darf nie zum Selbstzweck werden; er ist immer nur Ergänzung, Zier eines in seinem Grundbestand gesicherten Lebens, nie dessen primärer Gehalt. Anders gewendet: Wer nichts hat, hat nichts zu verlieren, wer wenig hat, hat wenig zu verlieren, wer mit wenig auskommt, ist auch in Zeiten, in denen es wenig gibt, gut aufgestellt.

Ein einfacher Lebensstil ist nicht ärmlich, sondern

auf die bestmögliche(!) Erfüllung echter(!) Bedürfnisse ausgelegt. Ein frischer Salat mit selbstgebackenem Brot nährt den Körper *besser* als ein Fast-Food-Gericht. Dass er dabei auch noch weniger kostet ist ein erfreulicher und gerne in Kauf genommener Nebeneffekt. Es geht auch ungesund und billig: Selbstgemachte Bratkartoffeln mit Röstzwiebeln übertreffen Pommes Frites mit Ketchup spielend im Geschmack, kosten dabei aber nur einen Bruchteil. Dieses Prinzip kann man praktisch auf jeden Bereich des Alltags ausdehnen. Man kann einen gebrauchten Kleinwagen fahren oder einen brandneuen Sportwagen leasen – ans Ziel bringen einen beide. Man kann ein Penthouse mieten, um über Abgas und Stadtlärm zu schweben, oder ein kleines Häuschen auf dem Land bewohnen, wo es saubere Luft und Ruhe umsonst und in Fülle gibt – die Liste ließe sich praktisch beliebig fortsetzen. Der Grundgedanke ist immer der selbe: Ein einfacher Lebensstil bietet der Krise eine geringere Angriffsfläche. Wer einen manuellen Teigrührer anstatt des elektrischen Mixers benutzt, kann einen Brotteig auch während eines Stromausfalls leicht zubereiten; und wer dabei noch einen holzbefeuerten Küchenherd besitzt, kann Brotbacken und hat es im Winter schön warm – auch der Heizungsausfall verliert dann seinen Schrecken.

Ein weiterer Vorteil ist, dass ein einfaches Leben grundsätzlich gesünder ist. In unserer verfeinerten Gesellschaft sind falsche Ernährung, gefährliche Hobbys, allgegenwärtige Schadstoffe und ein grundsätzlicher Mangel an körperlicher und geistiger Aktivität Hauptursachen für viele Erkrankungen. Ein einfacher, an der Befriedigung der Grundbedürfnisse ausgerichteter Lebensstil vermeidet diese Gefahren teils durch passiven Verzicht, teils durch aktive Befreiung von allem Unnötigem. Ich esse kein Fast Food, weil ich kein Geld dafür ausgeben will, das ich mühsam zuvor verdienen müsste. Einfache Kost spart Geld und Zeit und viele Krankheiten. Ich kann mich nicht erinnern, wann ich das letzten Mal krank gewesen bin. Weil ich wenig Geld brauche, muss ich nur wenig verdienen. Eintönige Arbeit, ob ungesund vor dem Bildschirm kauernd oder körperlich belastend, verschleißt den Leib und fördert dessen Gebrechlichkeit. Besser ein Buch gelesen oder einen Spaziergang gemacht!

Schlaf!

Krisenhafte Ereignisse beeinträchtigen die Alltäglichkeit. Etwa ein Drittel (8 Stunden) des Alltags verbringt man schlafend. Wie wichtig guter, gesunder Schlaf ist dürfte jedem klar sein. Schlechter Schlaf oder Schlafentzug haben desaströse Folgen für das körperliche und vor allem psychische Wohlbefinden. Während einer Krise können Schlaf und gewohnte Schlafumgebung erheblich gestört werden. Viele Menschen finden etwa ohne Bettdecken, Kissen oder weicher Matratze keine Ruhe. Andere Menschen brauchen absolute Stille, Dunkelheit oder Licht und bestimmte Umgebungsgeräusche. In den USA werden beispielsweise CDs mit nächtlichem Großstadtlärm verkauft. Ohne diese Hintergrundgeräusche können manche Großstadtmenschen, außerhalb ihrer „natürlichen" Umgebung nicht schlafen.

Lernen Sie, ein flexibler Schläfer zu werden. Sobald Sie sich an ein bestimmtes Schlafsetting gewöhnt haben, verändern Sie es. Experimentieren Sie mit Hintergrundgeräuschen und Beleuchtung, stellen Sie Ihr Bett um, versuchen Sie ohne Decke, dafür bekleidet zu schlafen. Man kann sich daran gewöhnen auf einer dünnen Isomatte oder einer einfache Decke auf dem Fußboden zu nächtigen. Brechen Sie auch den gewohnten Schlafrythmus, indem Sie sich den Wecker stellen. Lernen Sie alle zwei Stunden aufzustehen und einige Minuten bewusst wachzubleiben – solange, bis Sie ganz da sind. Stehen Sie auf und gehen Sie umher. Legen Sie sich dann wieder hin und versuchen Sie, zügig wieder einzuschlafen. Diese Übung ist zunächst äußerst qualvoll, aber nach einer Weile lernen Sie, schneller einzuschlafen; Ihr Schlaf wird zudem fester.

Wer unter variablen Bedingungen Ruhe und Erholung findet, darf auch während einer Krise auf guten Schlaf hoffen.

12.2 Wohnort

Eine *echte* Krise des sozialen Raums wird den Großteil ihrer Wirkung über die Bewohner desselben entfalten. Nicht der Stromausfall an sich ist bedrohlich, sondern die Reaktion der Unvorbereiteten darauf. Wird die Alltäglichkeit von Hunderten, Tausenden, Hunderttausenden plötzlich und/oder nachhaltig beeinflusst, folgen ganz natürlich Chaos und Panik. Die Auflösung der Alltäglichkeit und der damit einhergehende Verlust der Gültigkeit ihrer Normen und Konventionen erzeugt ein Vakuum, in dem Ordnungs- und Gesetzlosigkeit herrschen. Die Stimmung in diesem Leer-Raum ist explosiv wie in einem Fußballstadion oder bei einer Demonstration – beides übrigens Veranstaltungen, bei denen sich das Chaos in kontrollierter Weise und lokal begrenzt ereignen *darf*, um eine wichtige Ventilfunktion zur Stabilisierung des sozialen Raums zu erfüllen.

Zu meidende Orte:

(1) Im Falle des Eintritts einer Krise möchte man selbstverständlich von den primären Opfern, Trägern und Vermittlern ihrer Folgen soweit wie möglich entfernt sein. Daher sollte man seinen Wohnort nicht in Städten wählen – so man denn die Wahl hat. Ist man gezwungen in wohnraumverdichteten Gegenden zu wohnen, empfehlen sich Randlagen. Je schneller man das urbane Epizentrum möglicher Katastrophen hinter sich lassen kann, desto besser.

Ein Irrtum dagegen ist zu glauben, sich in einer verkehrsgünstigen Randlage anzusiedeln, würde im Falle aller Fälle ein sicheres Entkommen ermöglichen. Das Gegenteil ist wahrscheinlich. Was jenseits der Krise klug und vorteilhaft ist, kann in der konkreten Krise zum Fallstrick werden. Bricht Chaos aus, werden nämlich zunächst die bekannten Verkehrswege mit Menschen überflutet werden, die ihre Flucht gegenseitig behindern.

Ein Beispiel aus der jüngeren Vergangenheit: 2005 wütete Hurrikan Katrina an der Süd-Ost-Küste der

Vereinigten Staaten. Vor allem New Orleans, eine Stadt mit damals knapp 500.000 Einwohnern, wurde schwer getroffen. Die brechenden Dämme und die daraus folgende Überflutung der Stadt führten zu einer massenhaften und chaotischen Flucht. Die Highways Richtung Norden waren verstopft. Kilometerlange Staus entstanden und führten zu stundenlangen Wartezeiten. Viele Wägen blieben stehen – die Besitzer hatten sie trotz der Hurrikan-Warnungen der Regierung nicht betankt. Bald fehlten Nahrung und Wasser. Etliche der im Stau Stehenden begannen ihre Vehikel zu verlassen, um bei den Bewohnern der Gegend nach Treibstoff und Nahrungsmitteln zu suchen. Dabei kam es zu unerfreulichen Szenen: Schlägereien, Plünderungen, Schießereien mit Verletzen. In diesem Zusammenhang muss auf die Rolle der Krisenopfer hingewiesen werden. Sie transportierten die Folgen des Hurrikans weit jenseits der unmittelbar betroffenen Gefahrenzone und verbreiteten so die Krise etwa wie ein ins Wasser geworfener Stein Wellen zieht. Denn auf den Highways bestand offensichtlich keine Gefahr mehr, zu ertrinken oder von einem einstürzenden Gebäude begraben zu werden. Doch nicht einmal 24 Stunden im Ausnahmezustand genügten, um die Menschen an den Rand ihrer Leistungs- und Leidensfähigkeit zu bringen – eine erschreckende Bilanz. Die Bewohner der ländlichen Region entlang der großen Verkehrswege wurden so gleichfalls zu Opfern des Hurrikans, obgleich jener sie nicht direkt traf. Seine Folgen kamen auf den Highways in Gestalt tausender unvorbereiteter und verzweifelter Menschen zu ihnen. Soviel dazu.

(2) <u>Meiden Sie größere Siedlungen, meiden Sie die Nähe stark frequentierter Verkehrswege</u>, die von vielen Individuen benutzt werden könnten. Halten Sie sich einen Fluchtweg offen, der wirklich funktioniert. Tatsächlich stellt ein befahrbarer Fluss und ein Boot eine ganz hervorragende Möglichkeit dar, sicher und relativ zügig vom Fleck zu kommen. Ein weiterer Vorteil ist, dass man vergleichsweise viel Gepäck, d.h. auch Vorräte und Wasser, mit sich führen kann, ohne es mühsam über Berg und Tal schleppen zu müssen. Schlechter geeignet

sind Feldwege, Pfade usf. Bahngeleise, U-bahnen, Flughäfen usf. fallen per se aus der Reihe, da die hier benötigte Infrastruktur im Falle einer Krise extrem störungsanfällig ist.

(3) Neben Menschenmassen sind grundsätzlich <u>jene Orte zu vermeiden, die von jeher anfällig für bestimmte Krisen sind</u>. Ich spreche von Städten wie Pompeji. Pompeji lag am Fuße des Vesuvs, eines aktiven Vulkans. Sein Untergang steht exemplarisch für eine jähe, alles verzehrende Katastrophe. Hochwassergebieten, Tornadogassen, Erdbebenregionen usf. gehen Sie nach Möglichkeit aus dem Weg. Wieder gilt: Wo dies nicht möglich ist, bereiten Sie sich entsprechend auf die wahrscheinlichen Krisen vor. Im US- Bundesstaat Maine ist es in den ländlichen Regionen üblich, einen Generator im Haus zu haben, weil schneebedingte Stromausfälle hier keine Seltenheit sind; im tornadogeplagten mittleren Westen sind Storm Shelter mancherorts sogar gesetzlich vorgeschrieben. In diesen Fällen hilft der soziale Raum selbst, die Krise zu überdauern. Dort nämlich, wo die Krise nicht abzuwenden, abzuleugnen oder zu verschweigen ist, sondern als wiederkehrendes lokal begrenztes Ereignis auftritt, wird sie Teil der Alltäglichkeit und darin Teil der gesellschaftlichen Vorsorge. Auch in Deutschland gibt es Katastrophenpläne. Ein Studium der Homepage des Bundesamtes für Bevölkerungsschutz und Katastrophenhilfe empfehle ich dringend. Allein die Existenz dieses Amtes zeigt, dass die Krise – auch in größerem und größtem Maßstab – keineswegs eine irrationale Furcht ist, sondern vielmehr der zu erwartende Fall.

(4) <u>Vertrauen Sie nie blind auf Schutzmaßnahmen durch die öffentliche Hand</u>, auch wenn diese schon seit Jahren ihre Dienste tadellos verrichten: Auch die Menschen in New Orleans vertrauten den Deichen, Dämmen, Pumpen und Drainagen, die ihre Stadt schützen sollten. Jedes Sicherungssystem kann versagen. Dazu gehören natürlich auch Einrichtungen wie Polizei, Feuerwehr, Rettungsdienste usf. Bedenken Sie, dass auch hier nur Menschen arbeiten, die gleichfalls Opfer

der Krise werden und ähnliche Leistungs- und Leidensgrenzen haben wie jene, deren Schutz ihnen anvertraut ist. Der Unterschied zwischen einem Polizisten und einem Zivilisten besteht in Ausbildung, Ausrüstung und ggfs. Erfahrung. Aber selbst ein perfekt trainierter Polizist mit bestmöglicher Ausrüstung und großer Erfahrung wird Schwierigkeiten haben, nur drei oder vier in Panik geratene Menschen unter Kontrolle zu halten.

(5) <u>Meiden Sie neben natürlichen Krisenquellen wie Hochwassergebiete auch artifizielle wie Chemiefabriken, Militärstützpunkte, wichtige öffentliche Einrichtungen, Atomkraftwerke, Erdölraffinerien usf.</u> Diese Orte sind entweder immanent störungsanfällig wie etwa eine Chemiefabrik oder sie geben beliebte Ziele für äußere Störungen wie etwa einen Terroranschlag ab. In jedem Fall ist eine gewisse Distanz vernünftig.

Zu bevorzugende Orte:

(1) <u>Krisengeeignete Wohnorte finden sich zumeist im ländlichen Raum</u>, wobei die Hütte im Wald oder die versteckte Höhle im Gebirge, wie sie von manchen Preppern empfohlen wird, keineswegs dazu gehören. Man kann auf Dauer nicht alleine existieren und selbst wenn man alles so einrichtet, dass man es *könnte*, wäre es doch kaum mehr als ein erbärmliches Vegetieren, ein reines Überleben ohne Sinn und Zweck.

(2) Gerade in der Krise ist die produktive und effiziente <u>Zusammenarbeit mit anderen Menschen</u> unabdingbar. Wo die Gesellschaft in ihrer Abstraktion als Staat nicht mehr die Aufgaben von Familie, Nachbarschaft und Gemeinde übernimmt, müssen die einzelnen Personen wieder beginnen, miteinander zu arbeiten, sie müssen in einem sehr konkreten Sinn Verantwortung füreinander übernehmen. Wie so etwas aussehen kann, sehen wir gleich. An dieser Stelle genügt der Hinweis, dass die Nähe zu Menschen nicht immer etwas Schlechtes ist. Hier kommt es auf Zahl, Beschaffenheit und Zusammensetzung der jeweiligen Bevölkerung an. Ideal sind kinderreiche Gemeinden mit

wenigen Hundert Einwohnern mittleren Alters und guter Gesundheit, darunter viele Handwerker und Landwirte. Ein Arzt sollte vor Ort sein, ein Mechaniker, ein Elektriker usf. Schlecht sind überalterte Dörfer mit vielen pflegebedürftigen Personen. Schlecht sind auch Vorstadtgemeinden und -siedlungen, in denen sich Scheidungsanwälte, IT-Spezialisten und Professoren tummeln. Nicht, dass ich als promovierter Philosoph etwas gegen diese Fachkräfte einzuwenden hätte. Aber ihre Skillsets sind derart speziell und auf die Erfordernisse eines (hochentwickelten) sozialen Raums abgestellt, dass sie den recht basalen Anforderungen einer Krise oft nicht gewachsen sind. Kriminelle und gewalttätige Gegenden schneiden dagegen erstaunlich gut ab, was das Überleben von Ausnahmesituationen angeht. Ich beziehe mich hier auf entsprechende Berichte aus Michigan und Detroit, wo ganze Viertel im Zuge der Finanzkrise praktisch untergegangen sind und nun rechtsfreien Zonen gleichen. Im Schatten von Gewalt und Kriminalität finden dort teils sehr bemerkenswerte regenerative Prozesse statt. Im Wissen, auf sich allein gestellt zu sein, arbeiten Nachbarn, Nachbarschaften, ja ganze Straßenzüge plötzlich eng zusammen, um für Sicherheit zu sorgen. Man organisiert sich, redet, verhandelt mit Gangs und der Stadtverwaltung, findet Lösungen für Alte und Kranke und kämpft um die Aufrechterhaltung der Strom- und Wasserversorgung. Man kann hier deutlich die Züge eines sich entwickelnden sozialen Raums erkennen, der das durch die Krise entstandene Vakuum auszufüllen beginnt. Hilfreich scheint hier die besondere Beschaffenheit der Bevölkerung zu sein. Ohnehin im sozialen Feld randständig aufgewachsen, oft ohne ausreichende Bildung und dadurch ohne Chancen auf Aufstieg in eine *bessere* Schicht, gewohnt den gesellschaftlichen Institutionen des alten sozialen Raums argwöhnisch, wenn nicht feindselig gegenüberzustehen, erweisen sich diese Menschen als immens krisenresistent. Sie sind gewohnt, sich um sich selbst zu kümmern. Infolgedessen verfügen sie häufig über Fähigkeiten, die in Zeiten der Krise nützlich sind: Ein wacher Verstand, der abseits der

Normen zu denken gewohnt ist, ein hohes Maß an Stresstoleranz, eine gewisse Dumpfheit gegen die Unbilden des Alltags. Ich bitte, mich nicht falsch zu verstehen. Ich bin weit davon entfernt, das Leben am Rand der Gesellschaft, ein Leben mit vielen und vielfältigen Kümmernissen, Armut, Gewalt und Hoffnungslosigkeit zu verteidigen. Aber es ist einfach nicht abzuleugnen, dass in Zeiten der Krise, in Zeiten radikaler gesellschaftlicher Umbrüche, in welcher Gestalt diese auch immer auftreten mögen, die zäheren, härteren, leidgeprüfteren, brutaleren, rücksichtsloseren gegenüber ihren an einen verfeinerten Lebensstil gewohnten, *weichen* Mitmenschen generell im Vorteil sind. Immer sind es Barbaren und Wilde, die die Krise überstehen und den Grundstein für eine neue Zivilisation legen.

(3) Wir sprachen bisher über die Nachbarschaft, die man wählen sollte, wenn man die Möglichkeit hat. Wenden wir nun den Blick auf die <u>natürlichen Ressourcen</u>, deren Nähe in der Krise hilfreich sind. Die Bedürfnisse der ersten beiden Klassen bilden hier das Maß der Wahl: Wir benötigen regenerative Nahrungsquellen, Zugang zu frischem Trinkwasser, Bau- und Brennmaterial, sowie Möglichkeiten Bekleidung und Werkzeuge und Industrieprodukte herzustellen oder diese anderweitig zu requirieren.

(3.1) Gegenden mit gutem Ernährungspotential weisen fruchtbare Erde und ein gemäßigtes Klima mit regelmäßigen Regenphasen auf wie wir es in Europa, vor allem in Südeuropa haben. Getreidefelder und Obstbäume stellen die Versorgung einer größeren Bevölkerung über längere Zeit sicher. Unterstützend bieten fischreiche Gewässer Nahrung. Die Jagd ist dagegen verhältnismäßig energieintensiv, ihre Erträge dem Zufall ausgeliefert. Was Europa angeht, sind praktisch alle Gegenden bestens für die Ernährung einer großen Bevölkerung geeignet, wenn man von einigen Ausnahmen wie etwa der spanische Macchia, dem Hochgebirge oder den artifiziellen urbanen Wüsteneien absieht. Wichtiger als die Ortswahl ist an dieser Stelle das *Wissen, was* essbar ist und *wie* man es zubereiten kann.

(3.2) Ähnliches lässt sich erfreulicherweise über den Zugang zu Trinkwasser sagen. Vor allem in Deutschland verfügen wir über sehr bedeutende Ressourcen. Freilich kann man nicht in Zeiten der Krise davon ausgehen, dass diese Ressourcen dauerhaft und unmittelbar verfügbar sind. Wer weiß denn, wo er Trinkwasser bekommen kann, wenn der Wasserhahn trocken und der Supermarkt geschlossen bleibt? Finden Sie heraus, wo es Quellen und Reservoirs in ihrer Gegend gibt. Häufig bieten die ansässigen Stadtwerke Rundgänge und Informationsveranstaltungen zu diesem Thema an. Rufen Sie ruhig an und machen Sie sich schlau.

Achtung!

Chortabletten und mobile Wasserfilter können in schwersten Krisenlagen helfen, das Überleben zu sichern, stellen aber keine Dauerlösung dar. Vorsicht vor Unheilspropheten, deren Ratschläge den Erwerb von überteuerter Chemie und Gerätschaften zweifelhafter Qualität beinhalten. Bleiben Sie unbedingt realistisch und kritisch.

Echte Wasserfilter mit Keramikeinsätzen sind in den USA bekannt und kosten je nach Größe und Ausführung um die 250$ ohne Shipping. Berkey und Aqua-Rain bieten Produkte guter Qualität an.

(3.3) Holz liefert sowohl Baumaterial als auch Brennstoff. Ich kann kaum in Worte fassen, wie brillant dieses Material ist, das uns die Natur in unseren Breiten so reichlich zur Verfügung stellt und dessen Nutzbarkeit schier keine Grenzen kennt. Holz ist haltbar, leicht zu verarbeiten, beständig und tragfähig. Holzhäuser sind schnell errichtet und verfügen über gute Dämmeigenschaften. Holz ist ein hervorragender Brennstoff mit bester Energieausbeute und guter Lagerbarkeit. Dementsprechend ist die Nähe zu einem Wald immer von Vorteil – auch hier sind wir speziell in Deutschland privilegiert.

(3.4) Bekleidung, Werkzeuge, Industrieprodukte – ihre Herstellung setzt, wie bereits erwähnt, einen funktionierenden sozialen Raum voraus. Ohne effektive Arbeitsteilung, Systeme der Wissens- und Fertigkeitsvermittlung sowie spezialisierte Fachkräfte kommt man hier kaum über einen Lendenschurz und einen Handkeil hinaus und selbst deren Herstellung ist mühsam. Neben den unabdingbaren natürlichen Ressourcen sind Fabrikationsstätten und Maschinen sowie die Möglichkeit ihrer Reparatur und Wartung vonnöten. Unabhängig von der natürlichen Umwelt brauchen wir spätestens in der Post-Krisen-Zeit wieder ein Stückchen unberührte Zivilisation. Das ländliche Dorf mit ein paar hundert Einwohnern sollte ausreichen, um ein tragfähiges Fundament für den Wiederaufbau, bzw. die Wiederherstellung eines sozialen Raumes zu gewährleisten – das reine Überleben der Krise genügt uns nicht; es muss uns im Letzten um ein Leben gemäß aller *drei* Bedürfnisklassen vor, während und nach der Krise gehen.

12.3 Wohnraum

Wir haben die Parameter des idealen Wohnortes im Schatten der Krise besprochen. Der Wohnort ist aber nur die eine Seite der Medaille, die andere ist der konkrete Wohnraum. Dieser muss Verschiedenes können: Er muss die Bewohner vor <u>Witterungs- und Umwelteinflüssen</u> schützen, im Sommer kühl, im Winter warm halten, er muss deren <u>Alltäglichkeit ermöglichen</u> und den Vollzug unterstützen, er muss genügend <u>Lagerraum</u> für unerlässliche Besitztümer und schließlich auch <u>Sicherheit</u> bieten.

(1) Schon der basale <u>Schutz vor Witterungs- und Umwelteinflüssen</u> kann, in die Perspektive einer Krise gesetzt, gewisse Schwierigkeiten bereiten. Vor allem die Abhängigkeit von *Strom* und *Heizung* müssen hier aufmerksam in den Blick genommen werden. Ein Haus, das Strom von einer externen Quelle benötigt, um zu funktionieren, ist nicht krisensicher. Noch

problematischer ist die Heizung. In Deutschland wird es im Winter so kalt, dass eine Beheizung der Wohnräume essentiell ist. Vielleicht erfriert man ohne Heizung nicht, aber ein reines Überleben der Krise darf niemals der alleinige Maßstab der Vorbereitung sein. In Deutschland sind die Zentralheizungen recht weit verbreitet. Diese, so sie den gesetzlichen Vorschriften entsprechend neueren Baudatums sind, benötigen neben dem obligatorischen Brennstoff auch Strom, um zu funktionieren, sind also krisenunsicher. Elektroheizungen sind selbstredend unsicher. Aber auch der Pelleteinzelofen mit elektrischer Steuerung ist unsicher.

Neben der Abhängigkeit von Strom ist die Verfügbarkeit des benötigten *Brennstoffs* zu beachten. Erdgasheizungen schneiden hier schlecht ab, da der benötigte Brennstoff permanent ins Haus geliefert werden muss. Flüssiggas, Öl, Pellets usf. sind besser, weil sie zumindest für *eine Heizsaison* gelagert werden können.

Krisensicher und seit Jahrhunderten bewährt ist der Holzofen, so man denn Brennholz zur Verfügung hat, was, wie gesagt, in unseren Breiten ohne Schwierigkeiten zu bewerkstelligen ist. Gewählt werden sollte ein Ofen mit möglichst großer Speichermasse, damit länger Wärme abgegeben werden kann – wer will schon in der Nacht aufstehen und einen Scheit nachlegen? Weiterhin sollte das Öfelchen auch der Lage sein, Kohlebriketts zu verbrennen. Kohle gibt es in Deutschland reichlich und es ist selbsterklärend, dass eine optionale Brennstoffart immer vorteilhaft ist.

Achten Sie darauf, dass die *Fenster* in Ordnung sind, vor allem, dass man sie aufmachen kann. Neuartige Passivhäuser setzen auf strombetriebene Be- und Entlüftungssysteme, die Fenster sind teils gar nicht mehr zu öffnen. Ein längerer Stromausfall kann diese Super-Effiziens-Häuser praktisch unbewohnbar machen. Vertrauen Sie in diesem Zusammenhang auch keiner Solarzelle, vor allem nicht, wenn sie keine hauseigene Batteriebank lädt, sondern ihren Ertrag ins Netz einspeist.

Achten Sie darauf, dass der Wohnraum insgesamt in

gepflegtem Zustand ist. Im Falle einer länger andauernden Krise könnten Ersatzteile und Baumaterial knapp werden – essentielle Reparaturen wie ein leckendes Dach sind dann ggfs. nicht mehr ohne Weiteres möglich.

(2) Ein guter Teil unseres Lebens, vor allem unseres Alltags, spielt sich innen ab. Von daher sind <u>entsprechende Räumlichkeiten und Ausstattung</u> auch jenseits der Krise ganz selbstverständlich und mit großer Achtsamkeit einzurichten. Während der Krise sind Funktionalität und ggfs. Variabilität unabdingbar. Der Wohnraum muss krisenfest sein, bedeutet, er muss sich den veränderten Bedingung einer kollabierenden und eventuell sich neu etablierenden Alltäglichkeit anpassen können. Ein einfaches Beispiel: In Ihrem Wohnzimmer steht vermutlich ein Sofa. Ist dieses Sofa im Notfall geeignet, als Bett zu dienen? Kann man es ausziehen oder handelt es sich um einen Dreisitzer mit ausreichender Länge und Breite? Sind Rückwände, Polster und Lehnen abnehmbar? Dieses simple Beispiel zeigt, wie man die gleichen Ressourcen verschieden benutzen kann. Ich finde es bemerkenswert in manchem „Krisen-Buch" über Isomatten und Feldbetten – alles teuer und platzintensiv zu lagern – zu lesen, während so naheliegende Ideen, wie die Möbel gemäß ihrer potentiellen Nutzbarkeit in der Krise zu wählen, einfach außen vor bleiben. Noch ein anderes Beispiel, weil wir es gerade davon haben. Es geht um die Sicherung der Haustür. Vorgeschlagen wird meist das Anbringen eines oder mehrerer zusätzlicher Türriegel oder -ketten. Das ist natürlich eine sinnvolle, doch nichtsdestotrotz etwas kurzsichtige Maßnahme. Stellen Sie sich Folgendes vor: Sie haben eine Tür mit zwölf Riegeln, ok... Was aber hindert nun einen Einbrecher daran, die Tür als solches einfach einzutreten, bzw. sie an der schwächeren Angelseite aufzubrechen? Nichts. Vergessen Sie nicht, dass während einer Krise nicht unbedingt mit (schneller) Hilfe durch Polizei oder Nachbarschaft zu rechnen ist. Sie sind womöglich auf sich alleine gestellt. Der Einbrecher/Plünderer kann also durchaus Lärm machen und sich die drei Minuten Zeit gönnen, die man benötigt,

mit einem Vorschlaghammer eine DIN-Haustüre neueren Baudatums aus dem Rahmen zu klopfen. Eine mögliche Gegenmaßnahme wäre die Verstärkung der Barriere durch eine weitere Barriere. Wir kennen es alle aus Filmen, wo Schränke und Stühle und Sofas und was nicht alles vor die nachgebende Türe geschoben werden. Besitzen Sie ein schweres Möbelstück, dass Sie selbst, ohne Hilfe in wenigen Augenblicke zum Verrammeln der Haustüre benutzen könnten? Ich spreche vom 50er Jahre Vollholz Buffet oder dem metallenen Aktenschrank? Das ist natürlich nur ein Beispiel, aber ich denke, der Punkt ist klar. Eine Krise wird stets bewältigt, *bevor* sie eintritt – durch vernünftige Vorbereitung und Gestaltung der wahrscheinlich betroffenen Lebensbereiche: Körper, Geist, Familie, soziales Umfeld, Wohnung usf.

(3) Achten Sie bei ihrem Wohnraum auf genügend trockene und sichere Lagermöglichkeiten. Ein Dachbodenverschlag in einem Mehrfamilienhaus nützt ihnen ebenso wenig wie ein feuchter Keller in einem Einfamilienhaus. Früher gab es selbst in Wohnungen *Speisekammern* – eine sehr sinnvolle Einrichtung. Heute dient in zunehmendem Maße der Supermarkt auch als Kühlschrank. Immer mehr Menschen suchen ihn mehrmals wöchentlich auf, um kleine, dem Hunger angemessene Einkäufe zu besorgen. Ich betone nochmals – die Lagermöglichkeiten, z.B. für Vorräte aber auch für Werkzeug und anderes Material, müssen trocken (wg. Haltbarkeit der Güter) und privat zugänglich (wg. Sicherheit, Verfügbarkeit) sein.

(4) Die Möbel sollten multifunktional und haltbar sein – ein Sofa mit Schlaffunktion, ein Bett mit Bettkasten für zusätzlichen Stauraum, ein fester, ausziehbarer, rechteckiger Tisch usf. – wir sprachen darüber. Meine Bibliothek beispielsweise habe von der Fa. Lundia über die Jahre gebraucht zusammengekauft. Diese Profi-Regale sind unglaublich belastbar, flexibel und praktisch auf jede beliebige Weise zusammenzubauen. Gerade jetzt sitze ich *in* einer Garderobe, die ich zum Sekretär umfunktioniert habe. Mobilien sollten wirklich mobil sein, d.h. man sollte sie leicht von Raum zu Raum bewegen und umfunktionieren

können, um die Wohnraumbelegung variabel zu gestalten. Nach dem Zweiten Weltkrieg kam ein großer Flüchtlingsstrom aus den Gebieten im Osten. Wohnraum war knapp. Viele Familien mussten plötzlich Verwandte oder auch Fremde in ihren vier Wänden beherbergen. Dies nicht nur auf Tage oder Wochen sondern auf unabsehbare Zeit.

(5) Wohnungen, die über <u>viele kleine Zimmer</u> mit flexibler Einrichtung verfügen sind vorteilhaft. Privatsphäre ist wichtig! Sie stellt ein Grundbedürfnis der 2. Klasse dar. Neben unerwarteten Mitbewohnern kann es auch andere trifftige Gründe geben, Räume anders zu belegen. Eine zusätzliche Vorratskammer, eine Werkstatt, aber auch ein Kranken- bzw. Quarantäneraum können notwendig werden.

(6) Der Wohnraum muss <u>Leben und Eigentum seiner Bewohner zu schützen</u> geeignet sein. Feste, abschließbare Türen und Fenster sind hier unabdingbar, wobei hier noch Einiges mehr zu beachten ist. Erinnern Sie sich bitte an das, was wir über soziales Mimikry gesagt haben – Gleiches gilt für den Wohnraum. Unsere Vorsorgemaßnahmen müssen möglichst diskret und im Einklang mit dem sozialen Umfeld geschehen. Vergitterte Fenster wecken womöglich das Interesse potentieller Diebe. Doch wie geht es besser?

Zurückhaltung ist oft ein weit effizienterer Schutz als teure und vor allem sichtbare Maßnahmen. Fenster sind die größten Schwachstellen im Haus. Es genügt ein Stein, sie zu zerschlagen – der Lärm wird in Zeiten des Aufruhrs einen Plünderer kaum abschrecken, wenn er sich vor Polizei und Nachbarschaft sicher fühlt. Kunststoffrollläden bieten nur unbedeutend mehr Schutz. Traditionelle Fensterläden aus Holz sind hier besser, vor allem, wenn sie von innen zu verriegeln sind. In diesem Fall fungieren sie wie kleine Türen; schwächer zwar, aber aufgrund ihrer schlechteren Erreichbarkeit auch weniger zugänglich. Ideal ist, wenn die Fenster höher liegen und eher klein dimensioniert sind. Bei älteren Häusern ist das häufiger der Fall, während modernere Bauten ab spätestens der 60er Jahre auf große, teils ebenerdig angelegte Fensterfronten setzen.

Zum Aspekt der Sicherheit zähle ich auch Brandschutz, Gebäudestabilität, Bewohnbarkeit im Falle der Krise usf. Ein Holzhaus ist beispielsweise anfälliger für Feuer als ein Betonklotz; dieser aber kann Erschütterungen des Erdreichs weit schlechter kompensieren. Ein Holzhaus schützt besser gegen Kälte als ein aus Backsteinen errichtetes Gebäude, ist aber anfälliger für die Folgen aggressiver Außeneinwirkungen... Abgesehen von der konkreten Lage, die bestimmte Bedrohungen wahrscheinlicher oder unwahrscheinlicher macht, ist das zu erwartende Verhalten des Wohnraums im Falle einer Krise zu beachten, die ihn von der „Fürsorge" des sozialen Raums abschneidet, d.h. kein Strom, keine Gas, keine Medien, keine Feuerwehr etc. Wenn Sie können, besuchen Sie ein über längere Zeit leerstehendes Haus. Allein die Abwesenheit der Pflege durch seine Bewohner genügt, einen Raum in einem relativ kurzen Zeitraum quasi unbewohnbar zu machen. Achten Sie also darauf, dass der Wohnraum, wo es geht, leicht zu pflegen ist und aus beständigen Materialien er- und eingerichtet wurde. Ein massives, simples Gebäude, kalkgeputzt mit Holzfenstern und eingedeckt mit Ton-, Schiefer- oder Betonziegeln wird dem Zahn der Zeit leichter und länger widerstehen, als ein Passivhaus in Holzständerbauweise mit seinen zahlreichen Schichten im Wandaufbau, Lüftungssystemen, großen Fenstern, Dachgraupen, Hauselektronik usf. Ich behaupte übrigens nicht, dass eine sei *besser* als das andere, sondern weise nur auf den allgemein akzeptierten Grundsatz hin, dass einfache Konstruktionen tendenziell störungsresistenter sind als komplizierte.

12.4 Familie, Freunde, Fremde

Abseits der Krise, in den feinen, weichen Geweben unserer hochentwickelten und zivilisierten Gesellschaft eingenäht, zählen innere Werte. Sympathie und Liebe sind die gestaltenden Momente unserer Beziehungen. Es muss sich gut anfühlen, mit jemandem zu tun zu haben.

Man nimmt Rücksicht, man ist tolerant, man übersieht kleine Fehler und Unzulänglichkeiten – und warum auch nicht, kompensiert doch der soziale Raum die Unzulänglichkeiten seiner Bewohner durch ein verzweigtes System verschiedenster Hilfsmaßnahmen. Wenn man sich mit seinem Job nicht mehr wohlfühlt, kündigt man eben, bzw. lässt sich kündigen; den Unterhalt besorgt dann eine vorab bezahlte Sozialversicherung. Desgleichen gilt für Krankheit, Behinderung, Alter. Für jeden Fall ist und wird vorgesorgt, niemand muss verhungern, niemand muss darben, niemand muss fürchten, im Winter zu erfrieren und dergleichen.

Ich will an dieser Stelle nicht behaupten, dass ich grundsätzlich gegen diese Art von Versorgungsgesellschaft bin. Ich halte es für eine hervorragende Errungenschaft, dass wir eine soziale Ordnung konstruiert haben, die die Armen, Kranken und Schwachen unterstützt. Trotzdem darf nicht verschwiegen werden, dass diese Art gesellschaftlicher Organisation einen immens hohen Tribut fordert. Ich spreche hier nicht von der Vielzahl an Steuern, Zwangsabgaben und Pflichtversicherungen, die nötig sind, die Versorgungsgesellschaft aufrechtzuerhalten. Mein Vorbehalt ist anthropologischer Art. Der Mensch ist aus nachvollziehbaren Gründen faul. In einer Umwelt, der er seine Nahrung meist mühsam abgewinnen muss, ist *energieeffizientes Verhalten*, also Faulheit, eine Tugend. Wer satt ist, wird träge. Die Privilegien, die unsere Gesellschaft aufgrund ihres Entwicklungsstandes und ihres Reichtums ihren Bewohnern bietet, werden von vielen nicht mehr als das wahrgenommen, was sie eigentlich sind: nämlich Privilegien, Bevorzugungen. Man hat sich daran gewöhnt, dass der „Staat", die „Gesellschaft", die „Allgemeinheit" Sorge trägt. Man wird versorgt und man hat sich daran gewöhnt. Diese Gewöhnung fördert nicht nur unmäßige Faulheit, sondern – viel schlimmer – Unselbstständigkeit und Verantwortungslosigkeit. Ich setze mich hier politisch unkorrekt in die Nesseln, fühle mich aber nichtsdestotrotz verpflichtet, meine

Mitmenschen auf das Offensichtliche, d.h. auf die Nacktheit des Kaisers, hinzuweisen: Wie viele massiv Übergewichtige sieht man nicht allenthalben umherwackeln? Jede dieser Personen handelt und entscheidet bei jeder Mahlzeit auf Kosten der Allgemeinheit *verantwortungslos*, weil sie grundlos ihre Gesundheit aufs Spiel setzt, ohne für die monetären Folgen aufkommen zu müssen. Vollkommener Irrsinn, wenn man es bedenkt. Gleiches gilt für Extrem-Spaß-Sportler, deren Knochenbrüche und Verstauchungen auf Kosten der Allgemeinheit behandelt werden, ohne dass die Allgemeinheit Teil an den intimen und zweifellos sehr speziellen Freuden dieser Menschen haben kann – obligatorisches You-Tube-Video und Selfie auf Twitter freilich ausgenommen.

Menschen sind Gewohnheits- vor allem aber Gewöhnungstiere. An Gutes wie an Schlechtes kann man sich bis zum Punkt der Fühllosigkeit gewöhnen. Dies ist für unser Überleben als Spezies unabdingbar. Heute kann man es sich kaum noch vorstellen, aber vor kaum mehr als hundert Jahren (3 Generationen) war es in weiten Teilen der nördlichen Hemisphäre durchaus üblich, während des Winters zu frieren. Man stelle sich den durchschnittlichen Deutschen heute einmal länger als drei oder vier Stunden frierend vor! Um einen Eindruck von Winterkälte zu bekommen, kann man einmal für einen Tag und eine Nacht die Heizung im Haus auslassen – selbst in gut gebauten Wohnungen mit Doppel- oder gar dreifach verglasten Fenstern wird es unangenehm werden. Ähnliche Temperaturverhältnisse wird man trotz Herdfeuer in den schlechter isolierten Gebäuden des 19. und frühen 20. Jahrhunderts vorgefunden haben. 20 Grad durchschnittliche Zimmertemperatur im Winter waren praktisch undenkbar und zudem unwirtschaftlich. Wenn man auf konstante 16 Grad am Tag und 8 Grad in der Nacht kam, konnte man schon sehr zufrieden sein.

Während der Krise wird den Menschen mehr und anderes abverlangt. Die vom sozialen Raum bereitgestellten Privilegien mögen dann zeitweise oder permanent ganz oder teilweise aufgelöst werden. Die unvorbereiteten und an eben diese Privilegien *gewöhnten* Personen werden tiefer fallen als die vorbereiteten und genügsamen.

Nun stellt sich folgendes Problem: Auch während der Krise wird man realistischerweise mit anderen Personen zu tun haben, sei es die eigene Familie, seien es Freunde, Nachbarn oder Fremde, die das Schicksal zusammengeführt hat. Diese Menschen können sich als hilfreich erweisen oder eine zusätzliche Belastung darstellen. Es ist klug, jene Menschen klug zu wählen, mit denen man Umgang zu pflegen plant. Noch heute ist ratsam, was seit Jahrtausenden Brauch und Sitte war, nämlich sich *vor* der Gründung einer Familie und *vor* dem Eingehen *echter* Freundschaften über Charakter, Wesen und Potential des zukünftigen *Lebensgefährten zu erkundigen.* Immerhin verwebt man das eigene Dasein mit dem einer anderen, zunächst komplett fremden Person – in guten, wie in schlechten Zeiten. Die Beliebigkeit menschlicher Interaktion auf Basis flüchtiger Sympathien, wie sie heute gepflegt wird, fördert die Wandelbarkeit, das ewig Unstete solcher Bindungen, die eigentlich auf Lebenszeit angelegt sind. Wie kann man sich *in* der Krise der Unterstützung eines Menschen gewiss sein, dessen Treue schon abseits der Krise in Frage steht? Wie kann man das Verhalten einer Person abschätzen, mit der man bisher nur Spaß und Spiel teilte?

Man prüfe, bevor man sich binde, gleich ob es sich um den künftigen Ehepartner, Freund, Geschäftspartner, Handwerker usf. handelt. Der Spiegel der guten Zeiten zeigt das Schöne, Angenehme, doch es ist der Spiegel der schlechten Zeiten, auf den sich unser Blick richten sollte, denn die schlechten Zeiten trennen Spreu und Weizen, sie offenbaren das wahre Gesicht eines Menschen. Es war noch in den frühen 60er Jahren für junge Paare durchaus üblich sich vor der Eheschließung gesundheitlich überprüfen zu lassen. Die Möglichkeit, dass eine verborgene Erkrankung oder Indisposition den natürlichen Wunsch nach gesundem Nachwuchs behindern könnte, wurde gemeinhin noch als ehehinderndes Risiko angesehen. Heute, wo alles Zwischenmenschliche auf persönliche, oft selbstische

Empfindungen und Präferenzen abgestellt ist, wo das Ich im Vordergrund der Gemeinschaft steht, wo man erwartet und verlangt, anstatt zu geben und zu unterstützen, wäre dergleichen unvorstellbar.

Familienleben besteht zu einem guten Teil aus Arbeit, die, effizient geteilt und achtsam verrichtet, das Wohlleben und Gedeihen der einzelnen Familienmitglieder fördert. Diese Ansicht ist unromantisch und unpopulär, doch nichtsdestotrotz wahr. Die Wahrheit anerkennen und sich nicht in jene angenehm-romantischen Lügen flüchten, die der soziale Raum um Willen seines Selbsterhalts propagiert, ist die beste Krisenvorbereitung. Der Wert einer Freundschaft liegt im Letzten darin, wie hilfreich, nützlich und verlässlich die Freunde einander sind – die Krise reißt hier unbarmherzig die Maske von den Gesichtern.

Man prüfe also, bevor man sich binde. Doch was soll man prüfen? Wer kann sich überhaupt anmaßen, Wert und Nutzen eines Menschen zu ermessen? Wer kann das Verhalten eines anderen in der Krise vorhersagen? Ich kann es nicht, und ich kenne niemanden, der so etwas zu können, ernsthaft von sich behaupten würde. Trotzdem gibt es Möglichkeiten oder sagen wir besser: Aspekte, die bei der Wahl des Freundes und Partners grundsätzlich zu beachten sind. Das *fiktive* Ziel dieser Überlegung ist, Menschen nach ihrer potentiellen Nützlichkeit in Zeiten der Krise zu bewerten. Dass man in praxo und mit besten Gründen seine Freunde und Partner natürlich nach noch anderen, intimeren Aspekten wählt, ist mir bekannt, spielt aber für das Folgende keine Rolle.

1. Gesundheit: Dies ist selbsterklärend. Jemand, der krank ist oder unter einer Behinderung leidet, stellt eine Belastung für seine Mitmenschen dar, während jemand mit guter Gesundheit und zäher Konstitution eindeutig besser aufgestellt ist. Zur Gesundheit zähle ich auch die mentale Stabilität, Stressresistenz, Belastbarkeit usf.

2. Fitness: Auch dieser Aspekt ist selbsterklärend.

3. Komplementarität: Idealerweise ergänzen die Mitmenschen das Set der eigenen Fertigkeiten und Fähigkeiten – im Hinblick auf die Krise wären das die

genannten, zumeist handwerklichen sowie die entsprechenden geistigen Talente.

4. Charakter: Positive charakterliche Eigenschaften, die den anderen berechenbar machen, sind einem friedvollen und effektiven Zusammenleben zuträglich. Heute würde man sagen, diese Menschen sind langweilig. Nun, in Zeiten des Wohllebens, der Sorglosigkeit, mag der Unterhaltungswert einer Person tatsächlich wichtig sein. Wer sich um nichts sorgen muss, kämpft aufgrund des unbefriedigten Antriebsüberschusses, der uns als Menschen geradezu zwingt, tätig zu sein und zu bleiben, ganz natürlich mit Langeweile – dies ist der Grund, warum mit der Entwicklung des sozialen Raums auch die Unterhaltungsangebote vielfältiger werden, die er seinen in elysischer Sorglosigkeit dahin lebenden Bewohner bieten muss. In Zeiten der Krise ist ein „langweiliger", *verlässlicher* Partner dagegen von großem Vorteil, weil man sich eben auf ihn verlassen kann, ohne fürchten zu müssen, verlassen zu werden. In unberechenbaren Situationen sind Langeweile, Berechenbarkeit, Treue goldene Eigenschaften.

Abgesehen von der bewussten Wahl, die man bezüglich des Freundeskreises und des Partners treffen kann – erwiderte Sympathien vorausgesetzt –, muss man andere Mitmenschen einfach akzeptieren. Dass ein Kleinkind hilfs- und pflegebedürftig ist, disqualifiziert es offensichtlich nicht, Teil einer Gruppe zu sein, die gemeinsam die Krise zu überwinden sucht. Es gibt gar nicht wenige Unheilspropheten und Doomsday-Prepper, die bezeichnenderweise davon abraten, Nachwuchs in die Welt setzen, weil dieser im Krisenfalle die eigenen Überlebenschancen massiv schmälern würde. Dieser Ratschlag ist so kurzsichtig wie dumm. Die Weitergabe des Lebens in Gestalt der nachgeborenen Generation ist essentielles Grundbedürfnis (2. Kasse). Gäbe man jenes um Willen einer leichteren Lebenssicherung auf, würde man sich der Krise, gleich in welcher Gestalt sie aufträte, praktisch schon vor ihrem Eintritt kampflos ergeben haben.

Neben Kindern mag es eine Reihe anderer,

hilfsbedürftiger Menschen geben, die man auch im Falle der Krise nicht aufgeben will. Trug nicht Aeneas den greisen Vater auf dem Rücken aus dem brennenden Troja? Die eigenen Eltern, Geschwister, Freunde, eine schwangere Frau – wer wäre so herzlos, sie ohne Hilfe zu lassen? Und wer weiß, ob man nicht eines Tages selbst auf die Hilfe anderer, fremder Menschen angewiesen ist? Ein grundsätzlich altruistisches Verhalten in vernünftigen Maßen ist das beste Fundament, das unmittelbare personale Umfeld positiv zu gestalten. Die Betonung liegt hier auf „vernünftig" und „maßvoll". Die goldene Regel besagt: Liebe Deinen Nächsten wie Dich selbst. Der Nächste ist der Partner, das Kind, die Mutter usf. Der Kreis der Mitmenschen, denen man gegenüber Verantwortung übernehmen soll, weitet sich von innen nach außen, von nah nach fern, von intim zu fremd. An erster Stelle steht man notwendig selbst. Das ist nicht egoistisch, sondern schlicht pragmatisch. Die Integrität meiner 1. Bedürfnissphäre (d.i. das nackte Leben) ist die Bedingung der Möglichkeit überhaupt für andere agieren zu können. Wenn ich selbst verhungere oder verletzt bin, kann ich niemandem mehr helfen. Darum heißt es in den Flugsicherheitshinweisen auch: Legen Sie zuerst sich selbst die Atemmaske an, helfen Sie danach Kindern und anderen.

Interessant ist die Frage, ob und wie man sein Umfeld krisenfähig machen kann, ohne gegen jene Konvention des sozialen Raums zu verstoßen, die besagt, dass es keine *echten* Krisen geben darf. Meint: Wie kann ich mein Umfeld, auf etwas vorbereiten, dessen Eintritt eigentlich undenkbar ist – dies bis zu dem Punkt, dass bereits der leise Verweis auf die Möglichkeit einer Krise mich in ein soziales Abseits manövriert. „Prepper" ist ein Schimpfwort. Seine Verwendung impliziert „Verschwörungstheoretiker", was wiederum synonymisch für gefährlicher „Spinner" steht. Dass die Regierung selbst zur Krisenvorbereitung mahnt, dass sich regelmäßig mehr oder weniger schwere Krisen in Gestalt von etwa Naturkatastrophen ereignen, dass es historische Großkrisen gab und gibt, denen ganze

Gesellschaften zum Opfer fallen (man denke nur an den Zusammenbruch der Sowjetunion, Nordafrikas, des mittleren Ostens), dass moralische und technologische Krisen, die einen jähen Wertewandel und darin eine Veränderung der Alltäglichkeit des sozialen Raums nach sich ziehen, quasi ständig stattfinden – all dies hilft nicht darüber hinweg, dass ein explizites Ansprechen der Möglichkeit einer Krise eine fast reflexartige Abwehrreaktion bei vielen Menschen auslöst.

Will man also sein Umfeld krisenfester machen, muss man diesen Abwehrreflex geschickt umgehen. Man kann beispielsweise Krisenvorbereitung sehr effektiv als Freizeitbeschäftigung tarnen. Mit den Kindern zelten gehen und dabei spielerisch Feuer machen lernen, etwas braten, schnitzen, sich in und an der Natur orientieren, Pflanzen kennenlernen, Pilze sammeln – wer sagt, dass Krisenvorbereitung nicht Spaß machen darf? Intelligente Brettspiele – zum Beispiel auf Kooperation ausgelegte Titel wie „Robinson Crusoe: Adventure on the Cursed Island" – schulen problemorientiertes Denken, schaffen ein Gefühl von Gemeinschaft und fördern Entscheidungsfreude und Zusammenarbeit. Nur die Beschaffenheit des Umfelds und die eigene Fantasie setzen der Gestaltung einer Freizeit, die gleichzeitig Vorbereitung auf den Ernstfall ist, Grenzen. Ideal ist natürlich, wenn ihr Umfeld offen für eine aktive Krisenvorbereitung ist, die selbstverständlich maßvoll und vernünftig stattfindet.

12.5 Beruf/ Fertigkeiten

Besser als eine bloße Spezialisierung auf dieses oder jenes ist, sich ein Bündel von Grundkompetenzen und Fertigkeiten zuzulegen. In der Krise ist der Generalist meist im Vorteil. Nicht nur, weil er sich einer größeren Zahl von Situationen und Erfordernissen anpassen kann, sondern auch, weil er durch die vorangegangene Beschäftigung mit immer Neuem, Unbekanntem eine höher entwickelte Lernfähigkeit besitzt, d.h. Wissen leichter aufnehmen und

reproduzieren kann. Vor der Krise und während ihres Ausklang, d.h. wenn der soziale Raum sich zu regenerieren oder neu zu formieren beginnt, steigt der Wert von spezifischeren Fachkompetenzen wieder an. In der Krise mag es genügen, ein Zelt aufstellen oder eine Wellblechhütte zusammenzimmern zu können. Erst nach der Krise, wenn der soziale Raum sich zu regenerieren begonnen hat, braucht es den Maurer und den Zimmermann. Schließlich, wenn der soziale Raum wieder einen hohen Entwicklungsgrad aufweist, benötigt man den Innenarchitekten und Einrichtungsberater...
Was die einzelnen Kompetenzen anbelangt, ist eine Mischung aus handwerklichen, gärtnerischen, medizinischen und kommunikativen Fähigkeiten ideal. Die Basics sollte man sich auf jeden Fall aneignen. Die Teilnahme an einem *Erste-Hilfe-Kurs* stelle ich an erste Stelle. Ich empfehle darüber hinaus, sich mit der Wirkungsweise von *Antibiotika und Schmerzmitteln* vertraut zu machen. Kleinere Reparaturen und Bauprojekte im und am Haus vermitteln die nötige Sicherheit im Umgang mit verschiedenen *Werkzeugen und Werkstoffen*. Einfach mal etwas ausprobieren, ein Stück Mauer ziehen, einen Dachziegel austauschen, ein Pfahlfundamente (z.B. für eine Schaukel) gießen, eine Lampe anschließen usf. – Achtung: Sicherheit steht immer im Vordergrund. Ein kleine DIYS-Bibliothek zu den entsprechenden Gewerken, verständlich geschrieben und praxisnah, sollte in keinen Haushalt fehlen; vergessen Sie bitte nicht das Internet, das auf jede Frage eine Antwort hat, mag Sie während der Krise im Stich lassen! Ich persönlich profitiere viel von der theoretischen Beschäftigung mit Dingen. Baupläne und Konstruktionszeichnungen helfen mir, Sachverhalte leichter zu verstehen und in die Praxis umzusetzen. Andere Menschen lernen besser beim konkreten Tun und Ausprobieren. Jeder hat seine Präferenzen und das ist völlig in Ordnung. Wichtig ist, dass Sie sich einen möglichst reichen Fundus an praktischen Fähigkeiten zulegen. Scheuen Sie sich nicht, wenn Sie einem unbekannten Problem begegnen, es zuerst selbst zu lösen. Gartenarbeit, auch auf dem Balkon, auch im

Zimmer – Platzmangel ist hier keine Ausrede – schult die Fähigkeit die *natürliche Umwelt* ihrer lebenspendenden Ressourcen zu berauben. Züchten Sie Tomaten, lernen Sie zu düngen, lernen Sie die Bedürfnisse und Wachstumszyklen verschiedener Nutzpflanzenarten kennen. Die Betonung liegt auf Nutzpflanzen. Während der Krise helfen uns Blumenbeete oder preiswürdige Rosenzüchtungen nicht viel. Tomaten, Kartoffeln, Karotten usf. haben dagegen größeren Wert, nämlich Nährwert.

Die sozialen und kommunikativen Kompetenzen haben wir bereits an anderer Stelle besprochen. Fahren wir nun, ganz im wörtlichen Sinne, fort.

13 Mobilität

Verschiedene Krisenszenarien können eine Relokalisation notwendig machen. Man ist hier vielleicht versucht an den Roman „Die Wolke" zu denken, oder man hat endlose Flüchtlingstrecks vor Augen, die dem Horror des Krieges zu entrinnen suchen. Ausreichende Mobilität ist aber bereits auf einer weit basaleren Ebene essentiell. Stellen Sie sich vor, Sie verletzen sich beim Holzhacken am Fuß. Technisch gesehen, befinden Sie sich nun ganz unvermittelt in einer *spontanen, echten* Krise der 1. Bedürfnissphäre. Ihre leibliche Integrität wird auf eine Weise angegriffen, die ihre Alltäglichkeit offensichtlich beeinträchtigt und dies auch nachhaltig mit unabsehbaren Folgen tun wird, wenn Sie keine Hilfe bekommen. Um es kurz zu machen: Entweder muss ein Arzt oder kompetenter Ersthelfer zu Ihnen kommen oder Sie zu ihm. Beide Fälle setzen das Vorhandensein unmittelbar verfügbarer Mobilität voraus, außer natürlich Sie wohnen neben einem Krankenhaus oder haben einen Unfallchirurgen mit entsprechender Ausbildung und Ausrüstung in der Nachbarschaft. Sie verstehen, was ich meine. In einem funktionierenden sozialen Raum würden Sie nun den Notdienst anrufen oder jemanden bitten, Sie ins Krankenhaus oder zum Arzt zu fahren. Ist aber der soziale Raum selbst von der Krise befallen, tritt die Frage der Mobilität sehr oft noch vor das Problem der Verfügbarkeit von Dienstleistungen. Unabhängig davon, ob, sagen wir, während einer Naturkatastrophe ein Krankenhaus überhaupt noch arbeitet, stellt sich die Frage, wie man es überhaupt erreichen kann. Man sieht an diesem Beispiel allzu deutlich, warum bei der Krisenvorbereitung so großer Wert auf die Unabhängigkeit vom sozialen Raum zu legen ist. Im Falle einer Verletzung müssen Sie entsprechende Ressourcen vor Ort aufbewahren. Wir sprechen später noch über Inhalt und Umfang der Hausapotheke. Ansonsten ist die beste Reaktion auf eine spontane Krise wie etwa eine Naturkatastrophe Flucht. Beschäftigen wir uns daher zuerst mit einigen krisenfreundlichen Fortbewegungsarten. Zu berücksichtigen sind hier zwei Aspekte. 1. Die Begrenztheit der Infrastruktur, 2. Schnelligkeit, Reichweite und Möglichkeiten des Transports von Vorräten.

Zu 1. Wenn Sie beispielsweise zur Rushhour in eine mittelgroße Stadt fahren wollen, stehen Sie auf vielen Hauptverkehrsadern im Stau. Selbst im „Normalzustand" reichen die Kapazitäten der Verkehrswege oft nicht aus. Nun stellen Sie sich den Eintritt eines Ereignisses vor, dass große Teile der Bevölkerung nötigt, sich z.B. Richtung eines Ortes (Krankenhaus) oder von einem Ort weg (brennende Chemiefabrik) zu bewegen. Die Straßen werden verstopft sein. Nach einer Weile werden die ersten Verzweifelten ihre Vehikel liegenlassen und ihr Glück zu Fuß versuchen, was zu einem Totalzusammenbruch des Verkehrs führt.

Verlassen Sie sich während einer Krise nicht auf gebräuchliche Verkehrswege.

Schweigen kann man auch von komplexeren Fortbewegungssystemen wie U-Bahnen, Flugzeugen, Zügen usf. Diese Massenverkehrsmittel sind üblicherweise die ersten Opfer größerer Krisen. Man erinnere sich nur an den Vulkanausbruch auf Island (!) 2010, der zeitweise den gesamten europäischen Flugverkehr zum Erliegen brachte. Ähnliches geschah nach den Anschlägen am 11. September in New York.

Zu 2. Die *sicherste und flexibelste* Weise der Fortbewegung ist zweifellos per pedes. Eine einigermaßen trainierte Person kann mit Marschgepäck 30 und mehr Kilometer am Tag zurücklegen. Das klingt zwar nach viel, ist aber in unseren Regionen doch recht wenig. Reisen zu Fuß ist langsam. Weiterhin ist diese Art der Fortbewegung recht energieintensiv. In Zeiten der Krise, vielleicht sogar im Winter, muss auch Verpflegung transportiert werden, was durchaus problematisch werden kann. Viele Hungerkatastrophen in der Antike und im Mittelalter konnten nicht gestillt werden, weil bereits die Ernährung der Zugtiere, die Getreide aus nicht betroffenen Regionen hätten liefern können, die Ladung gekostet hätte. Noch problematischer ist die Wasserversorgung. Wer wandert, schwitzt, d.h., er verliert Wasser. Wer nicht in der Lage ist, Wasser zu finden und es entsprechend aufzubereiten, kann sehr leicht in lebensbedrohliche Situationen geraten. Wasser ist schwer, d.h. sehr viel mehr als zwei oder drei Tage Vorrat wird man realistischerweise kaum mit sich führen können. Zwingt der Durst, schlechtes Wasser zu trinken, kann es zu schweren Erkrankungen kommen.

Die *schnellste* Art im Krisenfall zu reisen ist das geländegängige Motorrad. Sie können über Berg und Tal, Stock und Stein fahren und spielend, selbst in schwierigem Gelände mehrere hundert Kilometer am Tag zurücklegen. Montierbare Gepäckkoffer, nebst Rucksack und Schnürbündel fassen erstaunlich viel. Sie können sogar um den Preis des „Laderaums" einen Sozios mitnehmen. Die Nachteile des geländefähigen Zweirads sind in der Hauptsache dreierlei: 1. Sie benötigen Benzin, das in Krisensituationen, die den gesamten sozialen Raum betreffen, sehr schnell sehr rar werden könnte. Mit einigen Ersatzkanistern können sie trotzdem recht weite Distanzen überwinden. 2. Wie jede Maschine ist auch ein Motorrad störanfällig. Mit dem Problem, inwieweit Sie selbst on the road Reparaturen vornehmen können, ob Sie an Ersatzteile oder eventuell nötiges Spezialwerkzeug kommen, sollten Sie sich vorab befassen. 3. Der dritte Nachteil ist: Motorradfahren muss man lernen. Ein Krad sicher durch unbekanntes, schwergängiges Gelände zu steuern ist anspruchsvoll und keineswegs ungefährlich. Sie müssen ihre Maschine also gut kennen und zu kontrollieren verstehen, bevor Sie sie als festen Bestandteil in ihre Krisenvorbereitung integrieren. Trotzdem: Für eine schnelle und sichere Flucht über relativ weite Distanzen und mit einigem Gepäck ist das geländegängige Zweirad eine sehr gute, wenn auch im Vorfeld kostspielige und trainingsintensive Wahl.

Das *nachhaltigste Fortbewegungsmittel*, sozusagen der Jack of all trades in und abseits der Krise, ist das Fahrrad. Es ist schneller als der Gang zu Fuß, doch weit langsamer als der kraftstoffbetriebene große Bruder. Zunächst zur Beladung: Es gibt für wenig Geld Fahrradanhänger zu kaufen, die in durchaus geeignet sind, erstaunlich schwere und große Lasten zu transportieren. Das ist sehr gut und dem obligatorischen Einkaufskörbchen eindeutig vorzuziehen. Entsprechende Transportsysteme für Kleinkinder sog. Kinderfahrradanhänger sieht man heute an jeder Ecke. Mit ihnen können zwei kleine Kinder recht sicher und komfortabel befördert werden, was mit einem Geländemotorrad oder auch zu Fuß praktisch unmöglich wäre. Der Antrieb eines Fahrrads mit Anhänger ist bei entsprechender Benutzung einer vernünftigen Gangschaltung erstaunlich energieeffizient. In ebenem, gut befahrbarem Gelände können Sie am Tag hundert Kilometer und mehr zurücklegen. Im Berg- oder Geländebetrieb gestaltet sich die Sache dagegen ungleich schwerer – beachten Sie dies bei der Planung eventueller Reiserouten. Täuschen Sie sich bei aller Effizienz nicht über den Kalorienverbrauch. Auch Radfahren ist anstrengend und kräftezehrend. Ein Fahrrad mit Anhänger ist zudem nur noch sehr bedingt geländegängig. Reparaturen können dagegen leicht vorgenommen werden.

Zusammenfassung

Im ersten Teil dieser Handreichung haben wir uns mit dem früh- und darin rechtzeitigem Erkennen echter

Krisen beschäftigt. Es ist eine Binsenweisheit, dass der, der die Gefahr frühzeitig erkennt, auch rechtzeitig Maßnahmen ergreifen kann, die ihn oft vor den Folgen der Krise bewahren.

In diesem Teil haben wir uns mit der allgemeinen Vorbereitung auf den Krisenfall auseinandergesetzt. Der leitende Grundgedanke lautete: Je geringer die Angriffsfläche, desto milder fällt der Einschlag aus. Da uns die Krisen konkret auf Basis unserer Lebensbedürfnisse anfällt, gilt es jene Bereiche des Alltags entsprechend krisenfest einzurichten. Für den Körper bedeutet das, Gesundheit und Fitness zu erhalten und zu fördern – maßvoll freilich, mit Verstand! Für den Geist gilt das Gleiche, wobei wir Gesundheit und Fitness mit Belastbarkeit und Flexibilität vertauschen können. Was den 3. Lebens- und Bedürfnisbereich, den sozialen Raum angeht, richten wir uns randständig ein, d.h. wir versuchen die Verflechtungen und Abhängigkeit zum sozialen Raum so gering und simpel wie möglich zu halten. Konkret bedeutet dies, einen einfachen, bodenständigen Lebensstil zu pflegen, der uns die größtmögliche Autonomie zusichert, ohne dabei in ein ungesundes Eremitentum zu verfallen. Alles, was für uns selber gilt, gilt auch für die uns nahestehenden Menschen. Auch jene müssen in unsere Vorbereitungsüberlegungen mit einbezogen werden. Hier sollte sehr behutsam vorgegangen werden. Die Vorbereitung auf die Krise darf nicht dazu führen, dass man sich selbst in einem permanenten Ausnahmezustand latenter Angst und Panik begibt, der seinerseits eine Krise, und zwar eine selbst gemachte unechte, implizieren würde.

Im nun folgenden Abschnitt geht es um *konkrete Vorbereitungsmaßnahmen und Schritte*, eine echte, wirksame Krise möglichst unbeschadet zu überstehen.

Konkrete Krisenvorbereitung und -bewältigung

Nun geht es um konkrete Krisenvorsorge und – bewältigung. Unser roter Faden ist die kritische Auseinandersetzung mit der Neuauflage des entsprechenden Ratgebers „Vorsorge für den Katastrophenfall" herausgegeben vom Bundesamt für Bevölkerungsschutz und Katastrophenhilfe. Später besprechen wir einige Handlungsoptionen für *echte* Krisenszenarien, die sowohl Leib und Leben (Bedürfnissphäre 1. Klasse), die psychische Integrität (Bedürfnissphäre 2. Klasse) als auch den sozialen Raum (Bedürfnissphäre 3. Klasse) betreffen.

1 Hierarchie der Vorsorge

1. Bedürfnissphäre: Überleben
   - Wasser (Vorrat, Aufbereitung)
   - Nahrung (Vorrat, nahrhaft, leicht zuzubereiten, haltbar)
   - Bekleidung (Angemessene, schützende, haltbare Kleidung und Schuhe)
   - Schutz vor Witterung/ Wohnung (Zelt, Wohnraum)
   - Gesundheit (Reiseapotheke)

2. Bedürfnissphäre: Wohlbefinden
   - Sicherheit (Berechenbarkeit der Umwelt, gefühlte Sicherheit, echte Sicherheit)
   - Stressfreiheit
   - Hoffnung

3. Bedürfnissphäre: Sozialer Raum
   - Wiederaufbau/ Neuaufbau sozialer Strukturen, Hierarchien, institutionalisierte Arbeitsteilung, Zivilisation, gesellschaftliche Einrichtungen usf.
   - Wiederaufbau/ Neuaufbau der agrarischen, industriellen und finanziellen Infrastruktur

In diesem Abschnitt beschäftigen wir uns fast ausschließlich mit der 1. und in einigen grundlegenden Fragen mit der 2. Bedürfnissphäre in der Krise. Der Umgang mit dem sozialen Raum ist recht komplex. Dazu empfehle ich das Studium des angehängten theoretischen Teils. In diesem wird das Verhältnis von Krisen, Individuum und sozialem Raum thematisiert.

2 Die Broschüre:
„Vorsorge für den Katastrophenfall"

Dieses Machwerk ist so nützlich wie es gefährlich ist. Es enthält eine passable Checkliste absoluter Basics, die offensichtlich für Helga Schmidt und Max Müller geschrieben wurde, Personen, die eine Krise anderweitig hilflos und unvorbereitet vorgefunden haben würde. Daneben finden wir eine paar Handlungsanweisungen, die eher Allgemeinplätze als konkrete Verhaltensweisen beinhalten.

Die Informationen in dieser Broschüre sind besser als überhaupt nichts, aber leider weit davon entfernt optimal zu sein, was verständlich ist, wenn man den Adressentenkreis betrachtet. Man richtet sich, wie gesagt, an den unbedarft vor sich hin schlummernden Michel, der nicht einmal im Traum daran denkt, dass die ihn wie eine Wolldecke umschmeichelnde Wirklichkeit des sozialen Raums jemals dauerhaft gestört werden könnte. Entsprechendes suggeriert die Broschüre: Als Katastrophenszenarien werden in den Bereich des Möglichen gerückt: Unwetter, Feuer, Hochwasser und CBRN-Gefahrenstoffe. CBRN, falls Sie es nicht wussten, steht für (c)hemisch, (b)iologisch, (r)adiologisch und (n)uklear. Interessanterweise beschreibt keines dieser Katastrophenszenarien eine echte Krise des sozialen Raums, sondern jeweils nur zeitweilige Störungen – ein Grund, warum die Broschüre mit äußerster Vorsicht zu genießen ist. Ein weiterer Grund ist, dass nur die unmittelbare Rettung des Lebens, sozusagen das Überdauern des katastrophischen

Höhepunktes sowie eine kurze Zeitspanne danach in die Vorsorgebemühungen miteinbezogen werden. Die Perspektive ist auf den Erhalt der 1. Bedürfnissphäre reduziert. Es gilt, das nackte Leben zu erhalten, bis der soziale Raum sich wieder stabilisiert hat. Ob er überhaupt in der Lage sein wird, dies zu tun, wird dagegen nicht thematisiert: Die krisenverleugnende Wirklichkeitskonzeption des sozialen Raums kann selbstverständlich ihr eigenes Nicht- bzw. Nicht-mehr-sein nicht denken, geschweige denn zugeben. Aber schauen wir uns einmal an, was die Broschüre rät.

3 Bedarfsgerechter Energievorrat

Anzulegen sind Vorräte für vierzehn Tage, rät das Heft „Meine persönliche Checkliste" des Bundesamtes für Bevölkerungsschutz und Katastrophenhilfe. Ausgegangen wird von einem Tagesverbrauch von 2200 Kalorien. Diese Zahl ist relativ problematisch, weil sie weder Geschlecht, noch individuelle Konstitution, Alter, Gewicht, Anteil Muskelmasse usf., noch den Grad an körperlicher Aktivität, der u. U. während einer Krise nötig wird, berücksichtigt. Es handelt sich hier um einen glattgebürsteten Mittelwert, der auf alle und niemanden passt.

Besser ist, Sie berechnen ihren eigenen Tagesgrundumsatz. Eine einfache, doch einigermaßen passable Formel dafür lautet:

Männer: Körpergewicht in kg x 25
Beispiel: 80 kg x 25 = 2000kcal

Frauen: Körpergewicht in kg x 25 x 0,9 (Bei Frauen geht man aufgrund ihrer tendenziell zierlicheren Statur und leichteren Muskelaufbaus von 90% des Verbrauchs eines gleichgewichtigen Mannes aus)
Beispiel: 60 kg x 25 x 0,9 = 1350kcal

Diese Angaben reflektieren den reinen

Energieverbrauch des Körpers in Ruhe. Der Motor läuft, das Fahrzeug steht jedoch. Je nach körperlicher Aktivität steigt der Energiebedarf drastisch an. Vereinfacht kann man den Grundumsatz mit bestimmten Faktoren, die eine bestimmte Aktivitätsintensität repräsentieren, multiplizieren.

- Sehr leichte Aktivität 1,2
- Leichte Aktivität 1,5
- Mittelmäßige Aktivität 1,8
- Intensive Aktivität 2,1
- Sehr intensive Aktivität 2,4

Diese Faktoren sind <u>Annäherungswerte</u>, die ich bewusst eher hoch gewählt habe. Sie eignen sich nicht, den exakten Kalorienverbrauch oder -bedarf eines Individuums zu berechnen. Nichtsdestotrotz helfen sie, vernünftige Richtwerte für die benötigte Versorgung im Krisenfall zu setzen. Wir gehen davon aus, dass wir 1. im Zuge unserer Vorbereitung auf den Krisenfall körperlich fit und mit einiger Muskelmasse ausgestattet sind und 2. dass wir während der Krise unseren Körper sehr intensiv benutzen müssen. Entsprechend schlage ich folgende Formel zur Berechnung des anzulegenden Vorrats auf Basis des höchstmöglichen Energieverbrauchs vor, wobei ich die Reduzierung des Grundumsatzes bei Frauen bewusst weglasse, um einen zusätzlichen Sicherheitspuffer in die Formel einzubauen. Besser zu viel als zu wenig.

Körpergewicht in kg x 25 x 2,4

Beispiel: Für einen Mann mit 75 kg sollte eine Energieversorgung von 4500kcal/Tag bereitstehen. Aber wie lange? Die Broschüre rät 14 Tage an. Warum 14? Warum nicht 13 oder 16? Gehen wir dieser Frage nach...

4 Ein Quantum mehr: Die 45-Tage-Regel

Sprechen wir über die vorgeschlagenen 14 Tage, die man vorratstechnisch überbrücken können soll. Dieser Zeitraum basiert wiederum auf der Annahme, dass der soziale Raum nicht irreversibel durch die Krise beschädigt wird, also eigentlich gar nicht in eine *echte* Krise gerät, die die Alltäglichkeit des sozialen Raums nachhaltig antastet, sondern nur eine temporäre Störung seiner Funktionalität erleidet. In Fragen der Bevorratung sollten wir sicherheitshalber weniger optimistisch sein. Wie lange muss der Vorrat aber dann reichen? Einen Monat? Zwei Monate? Ein Jahr? Die Antwort auf diese Frage hängt von verschiedenen, teils unberechenbaren Faktoren ab. Welche Krise liegt genau vor? Welche Folgen hat sie? Welche Teile des sozialen Raums sind betroffen usf.? Bricht die landwirtschaftliche Produktion einer Region durch, sagen wir, eine chemische Verseuchung des Erdreichs ein, aber Lebensmittel können aus anderen Regionen importiert werden, muss man nur eine kurze Durststrecke überwinden. Sind auch die Transportwege bzw. die Transportmöglichkeiten betroffen, muss man für einen längeren Zeitraum vorsorgen. Ist der Schaden irreversibel und betrifft auch benachbarte Regionen, muss man ggfs. abwandern, was wiederum eine Reihe weiterer Probleme aufwirft.

Wer die Kapazitäten besitzt, sollte an einer Versorgung für **18 Monate** arbeiten. Warum gerade 18 Monate? Weil innerhalb dieses Zeitraums auf jeden Fall ein Erntezyklus fällt.

Minimal sollte man für **45 Tage** Vorräte besitzen. Warum 45 Tage? Nun, die öffentlichen Vorsorgekonzepte sind darauf ausgelegt, die Bevölkerung für maximal 30 Tage zu versorgen. Neben den 14 Tagen, die uns die Broschüre anrät, verfügt der Staat über Reserven, die 10 weitere Tage reichen, falls(!) Infrastruktur und Transportwege intakt bleiben. Wir runden die 24 zu 30 Tagen auf, da mit Rationalisierungsmaßnahmen zu rechnen ist. Die Distribution und Rationalisierung dieser Reserven ist ein weiterer Faktor, der mit vielen Unbekannten verbunden ist. Nehmen wir aber an, dass in einem katastrophalen und nachhaltigen Krisenfall wunderbarerweise die Versorgung der Bevölkerung perfekt funktioniert, so haben wir maximal 30 Tage relative Ruhe gewonnen. Nach dieser Gnadenfrist bricht das zu erwartende Chaos aus. Wir werden innerhalb weniger Tage massive Bewegungen der Bevölkerung erleben. Innerhalb dieses Zeitraums ist der *Verweilen am Ort* eine kluge Strategie, so ein Verweilen möglich ist. Wir möchten während einer echten Krise *stets Abstand zur unvorbereiteten Masse* der Bevölkerung haben. Daher handeln wir nach Möglichkeit antizyklisch. <u>Bewegt sich die Masse, bleiben wir an der Stelle. Steht die Masse, bewegen wir uns</u>. Da unsere Vorräte mindestens 15 weitere Tage reichen, können wir also abwarten, bis sich die Situation klärt, bzw. bis sich die Bedingungen des Reisens verbessert haben.

5 Eichhörnchenlager?

Einige Prepper empfehlen das Anlegen von mehreren geheimen Vorratsdepots in einer bestimmten Region oder entlang wahrscheinlicher Fluchtrouten. Der Gedanke ist, dass man im Falle einer Flucht weniger Proviant mit sich führen muss, da man sich auf dem Weg aus den Depots versorgen kann. So ein Depot darf man sich nicht als ein sichtbares Gebäude wie etwa eine angemietete Garage vorstellen, die relativ zwangsläufig Ziel von Plünderungen werden könnte. Vielmehr handelt es sich um Verstecke, oft Löcher in der Erde, in denen man wasserdichte Schatzkisten mit Dosennahrung usf. vergräbt. Diese Eichhörnchenlager sind an solchen Stellen anzulegen, die man selbst leicht wiederfinden kann, während sie für andere unsichtbar bleiben.

Ich persönlich halte nicht viel von diesen Depots. 1. Ist es unklar, welche Routen bzw. Regionen man in Falle einer Krise überhaupt bereisen wird. 2. Die Versuchung mit leichtem Gepäck zu reisen, weil man davon ausgeht, an einer bestimmten Stelle seine Vorräte ergänzen zu können, ist groß und die damit verbundenen Risiken praktisch unabwägbar. Kann man das Depot erreichen? Kann man es unentdeckt öffnen? Ist der Inhalt in

Ordnung? Findet man den Ort überhaupt wieder? Außerdem ist Anlage und Instandhaltung dieser Lager mit recht großem Aufwand verbunden. 3. Trinkwasser ist nur schwer zu lagern, dabei aber bedeutend wichtiger als Nahrung. Ein gesunder Mensch kommt ohne Nahrung ein paar Tage, eine Woche, zwei Wochen zurecht. Ohne Wasser ist dies nicht möglich.

Fazit: Wenn Sie Depots anlegen möchten, rate ich Ihnen nicht explizit ab, stelle aber den Sinn und den Nutzen in Frage. Wichtiger ist, saubere Trinkwasserquellen in der Gegend zu kennen.

6 Speiseplan der Krise

Welche Art von Vorräten soll man anlegen? Welcher Mix ist empfehlenswert? Die Antwort liegt wiederum auf der Hand: Alles, was die Kraft erhält und den notwendigen Energieverbrauch deckt. „Meine persönliche Checkliste" ist an dieser Stelle nur ein bedingt guter Ratgeber. Man erkennt dies an einer simplen Sache: Einerseits wird empfohlen, Trinkwasser zu bevorraten, weil es knapp werden könnte, andererseits entblödet man sich nicht, in der Abteilung „Sonstiges" unter der Kategorie „Lebensmittel" Jodsalz und Salzstangen optional anzuführen!

Konzentrieren Sie sich auf <u>Obst- und Gemüsekonserven</u> (gerne gesüßt, aber ungesalzen). Pumpernickel und <u>Dauerbrot</u> sind ebenfalls gut. <u>Reis</u> lässt sich mit relativ wenig Wasser zubereiten. <u>Nudeln</u> haben viele Kohlenhydrate, sind also bei körperlicher Anstrengung empfehlenswert. Sparsamer können Sie mit <u>Fisch- und Fleischkonserven</u> sein. Dosenfisch und Fleisch ist mit Vorsicht zu verzehren, da es meist stark gesalzen ist. Verfügen Sie über Wasser und die Möglichkeit zu backen, lagern Sie gerne Mehl ein. <u>Sonnenblumen- und Kürbiskerne</u> sind haltbare und immens nahrhafte Snacks, die sich vor allem für die Reise eignen, aber auch den Brotteig wunderbar ergänzen. <u>Öl</u> ist gleichfalls gut lagerbar und nahrhaft. <u>Bohnen</u> sind großartige Krisennahrung, ebenso <u>Butter</u>

und Margarine, wobei hier die begrenzte Lagerbarkeit zu beachten ist. Marmelade und reichlich Zucker sorgen für schnelle Energie. Auch Honig (flüssig) ist empfehlenswert, da er auch für das Behandeln von Wunden zu benutzen ist. Das Gleiche gilt für Kamillentee. Kaffee, schwarz mit Zucker, kann, heiß getrunken, eine Mahlzeit ersetzen und wirkt belebend. Milchprodukte und Nüsse sind nach Belieben und Verträglichkeit zu bevorraten.

Wenn Sie ihren Vorrat zusammenstellen, achten Sie auf Ausgewogenheit und Nahrhaftigkeit. Orientieren Sie sich an Ihren sonstigen Essensgewohnheiten. Ihr Körper ist an eine bestimmte Diät gewöhnt, zwingen Sie ihn nicht, sich während einer Krise umzustellen. Besser ist, sich vor der Krise an einen einfachen, nahrhaften Speiseplan zu gewöhnen. Getreide (Brot, Reis usf.) Früchte, Gemüse sollten das Gros ihres Speisezettels bilden, Milchprodukte, Fisch und Fleisch stehen an zweiter Stelle.

Hochprozentiger Alkohol gehört gleichfalls in jeden Vorrat. Trinken Sie ihn nur spärlich, wenn überhaupt. Betrachten Sie ihn als Medizin. Hochprozentiger Alkohol kann Grundlage einer desinfizierenden Mundspülung sein – mehr dazu gleich. Er kann im Notfall die schlimmsten Schmerzen lindern, kann über kurze Zeit Kraft und vor allem Mut verleihen und die ärgsten Sorgen vergessen machen. Die Betonung liegt hier klar auf „Notfall", das sollte jedem klar sein. Alkohol ist zudem eine haltbare Wertanlage, die sich in Post-Krisen-Zeiten vermutlich gut tauschen lässt.

Achtung!

Campingkocher, Gasflaschen, Grill nebst Kohle und Anzünder, Holzofen + Herd nebst ausreichenden Brennmaterial und natürlich Dosenöffner nicht vergessen! Beachten Sie, dass Sie nicht nur in der Lage sein müssen, eine warme Mahlzeit zuzubereiten, sondern vor allem, Wasser abzukochen.

7 Wasser

Neben der Kenntnis von potentiellen Trinkwasserquellen sollten Sie sich einen Notvorrat in Kanistern anlegen. Rechnen Sie mindestens 4 Liter pro Tag und pro Kopf. Eine vierköpfige Familie benötigt für 45 Tage: 45 Tage x 4 Personen x 4 Liter = 720 Liter. Das sind 5 Badewannen voll! Bedenken Sie, dass Sie nicht nur Trinkwasser benötigen, sondern auch Wasser zum Kochen und für die Körperreinigung.

Im Internet (Ebay, amazon...) oder im (Camping, Outdoor-) Fachhandel „water preserver" erwerben, d.s. Chemikalien, die Trinkwasser in abgeschlossenen Kanistern bis zu 5 Jahre haltbar machen sollen. Achten Sie darauf, dass Kanister wie Wasser beim Befüllen absolut sauber und rein sind. Achten Sie darauf, dass die Kanister aus hochwertigem, lichtundurchlässigen PE-Material gefertigt sind. Lagern Sie die Kanister an einem kühlen, trockenen, dunklen Ort. Ideal sind Keller oder Garage. Sorgen Sie dafür, dass die Kanister diskret zugänglich sind.

Halten Sie zusätzlich Wasserfilter und entsprechende Tabletten (Chortabletten) bereit, um das abgestandene Wasser ggfs. zusätzlich aufzubereiten.

8 Reiseapotheke

Ein vernünftiges Arsenal an Pillen ist in der Krise essentiell, da die Verfügbarkeit von Arzt, Krankenhaus und Apotheke u.U. nicht mehr gewährleistet ist. Sie müssen während einer Krise fit und einsatzbereit bleiben. Ein weiterer Aspekt ist der Tauschwert, den Arzneien während und eventuell nach einer Krise darstellen können. Besser (und leichter) als Gold und Silber sind ein paar Blister Antibiotika und Schmerzmittel.

Was Sie an *Medikamenten, Arzneimitteln* mit sich führen sollten:

Natürlich alle <u>Medikamente, die Sie selbst</u>

benötigen und diese in sehr großer Menge.

<u>Entzündungshemmende Schmerzmittel</u>: so stark und so viel wie irgend möglich. Neben der selbsterklärenden Funktionalität dieser Arznei, kann sie ggfs. in einer Post-Krisen-Gesellschaft ein *wertvolles Tauschmittel* darstellen.

<u>Antibiotika</u>: Wie bei Schmerzmitteln, nur dass der Tauschwert unendlich höher ist. In Deutschland sind Antibiotika verschreibungspflichtig.

<u>Durchfallmittel</u>: Durchfall ist besonders wg. dem erhöhten Wasserverlust und der Ansteckungsgefahr für andere gefährlich.

<u>Desinfektionsmittel</u>: Beide Sorten zur Wund- und Hautreinigung.

<u>Verbandsmaterial</u>: In ausreichender Menge, um ggfs. Verbände wechseln zu können.

<u>Druckverbände</u>: In ausreichender Menge und hoher Qualität.

<u>Hydrocortisonsalben</u>: Sie wirken sehr gut gegen Insektenstiche, sind aber auch bei lokalen Entzündungen hilfreich. Bevorzugen Sie eher höhere Dosierungen. Hydrocortisonsalben sind bis 0,5% Wirkstoffkonzentration in Apotheken ohne Rezept erhältlich. Aus den USA kann man Präparate mit 1% Wirkstoff bestellen.

<u>Teebaum- und Johanniskrautöl</u>: Diese Öle sind hervorragend wirksame Universalmittel für alle möglichen Gebrechen. Teebaumöl wirkt desinfizierend und schmerzstillend und ist daher auch zur Mundpflege, sogar zur akuten Behandlung bei Zahnschmerzen geeignet. Johanniskrautöl beugt Schwellungen und Entzündungen offener Wunden vor. Vor allen bei Abschürfungen ein bewährtes Heilmittel.

Ein <u>Gummiriemen</u> zum Abbinden von Blutungen.

9 Zähne

Zahnschmerzen zählen zu den schlimmsten, die der Mensch auszuhalten hat. Gerade in Zeiten der Krise müssen Sie daher vorbeugen, so gut es geht. Zahnhygiene ist wichtig. Sie benötigen dafür übrigens keine teuren Pasten und Gele. Die Hauptsache ist, Essensreste regelmäßig und gründlich aus den Zahnzwischenräumen zu entfernen. Eine Zahnbürste und kräftige Wasserspülung sind ausreichend. Reinigen Sie nach jeder Mahlzeit die Zähne! Spülen Sie gelegentlich mit einer Alkohol-Wasser-Mischung. Ein Zahnspiegel sollte in Ihrem Medi-Kit sein. Eventuell besorgen Sie sich ein Set von Zahnzangen in steriler Verpackung in der Hoffnung, es niemals benutzen zu müssen. Dennoch ist es besser, einen schmerzenden Zahn zu entfernen (von jemandem entfernen zu lassen), als wochen- und monatelang stärkste Beeinträchtigungen und unabsehbare gesundheitliche Folgen ertragen zu müssen.

10 Bekleidung

In der Krise muss die Bekleidung zwei Aufgaben erfüllen: (1) Sie muss effektiv vor Witterungseinflüssen schützen; (2) sie muss vor Verletzungen schützen.

Weiterhin muss die Bekleidung extrem belastbar und haltbar (3), leicht zu reinigen und zu reparieren (4), dazu variabel (5), d.h. sich verändernden Witterungsbedingungen anpassbar und mit Taschen und Fächern besetzt sein.

Zu (1): Dieser Punkt ist an sich selbsterklärend; der Vollständigkeit halber will ich dennoch ein paar Sätze dazu sagen: Die Kleidung muss <u>winddicht</u> sein. Sie muss <u>regendicht</u> sein. Sie muss <u>gegen Kälte schützen</u>, d.h. gefüttert sein. Die Schuhe müssen bequem und wasserdicht sein, hochwertig verarbeitet, mit rutschfester, geländetauglicher Sohle ausreichender Stärke. Besser als ein dicker Mantel und eine Schneehose schützen gegen Kälte verschiedene Kleidungslagen im Zwiebelprinzip. Eine wintertaugliche Kombination könnte so aussehen (von innen nach außen): Lange Unterwäsche, Wollsocken, darüber eine Langarm-Shirt und eine dünne Hose, darüber ein Wollpullover und eine regen- und winddichte Hose, darüber ein Mantel und Winterschuhe mit hohem, schnee- und regensicherem Schaft, Ohrenschützer, Pelzmütze, Schneemaske, Schneebrille.

Zu (2): Ihre Kleidung muss Sie vor Verletzungen wie Abschürfungen, Stichen und m. E. Schlägen schützen können. Ihr Kleidung darf dabei natürlich auch keine Ritterrüstung sein. Beweglichkeit steht an erster Stelle. Trotzdem sollten Sie ohne Blessuren Gebüsch und Unterholz durchqueren oder einen simplen Sturz unbeschadet überstehen können. Weiterhin muss das Schuhwerk die Knöcheln stabilisieren, sodass Sie in schwergängigem Gelände nicht umknicken oder sich gar den Fuß verstauchen!

Zu (3): Vor allem das Außenmaterial der Bekleidung muss extrem haltbar und belastbar sein. Viele – nicht alle – High-Tech-Materialien sind schadensanfällig. Außerdem sind Beschädigungen oft schwer oder gar nicht zu reparieren. Ideal dagegen sind feste Leinen- Baumwollgewebe wie man sie bei Militärbekleidung findet. Diese sind haltbar und leicht zu flicken. Auch Leder ist sehr empfehlenswert.

Zu (4): Hier gilt das Gleiche wie bei (3). Feste Gewebe aus Wolle und Baumwolle sind sehr gut zu reinigen, schmutzabweisend und geruchsneutral (Wolle mehr als Baumwolle). Das Aushängen von Kleidung genügt meist, die unangenehmsten Gerüche zu beseitigen. Reparaturen sind ohne Problem möglich. Nähset, Schere, Garn, Faden und einige Flicken gehören selbstverständlich zur Krisenausstattung. Im Notfall muss man sich an anderen Kleidungsstücken bedienen. Hier gilt die Regel: Von innen nach außen. Die äußerste Schicht ist die wichtigste. Sie muss also so lange wie möglich in Stand gehalten werden.

Zu (5): Ein oft übersehener Faktor bei der Wahl der richtigen Krisenbekleidung ist die Jahreszeit. Dauert eine Krisensituation länger an und/oder bewegt man sich in andere Klimazonen, muss die Kleidung sich natürlich entsprechend anpassen können, da man kaum eine komplette Garderobe mit sich führen wird. Flexibilität ist vonnöten. Das herausnehmbare Futter der Winterjacke, abnehmbare Besätze, eine abtrennbare Hose, Hemden, die man aufknöpfen und leicht hochschlagen kann sind Beispiele für variable Bekleidung. Reitstiefel, knielange Lodenmäntel oder Strickpullover sind entsprechende Gegenbeispiele.

Die perfekte Krisenbekleidung...

... trägt der Soldat im Feld. Wer könnte in einer größeren, nachhaltigeren Krisensituation stecken, als jemand, der mit der Waffe in der Hand um sein Leben kämpft? Der Zustand des Krieges ist ein andauernder Krisenzustand. Nichts ist gewiss, nichts berechenbar, sämtliche Bedürfnissphären sind stets bedroht. Weil der Krieg dem Menschen ebenso vertraut ist, wie die Sorge um sein Leben überhaupt, verwundert es nicht, warum gerade in diesem Bereich die Krisenbewältigung zum Prinzip der „Alltäglichkeit" geworden ist. Der Krieg repräsentiert die Wirklichkeit im permanenten Ausnahmezustand.

Bekleidung und Ausbildung des Soldaten haben nur ein Ziel – sein Überleben und Funktionieren im Kampf zu gewährleisten. Der sog. Kampfanzug nebst entsprechender Ausrüstung ist darum das perfekte Krisenoutfit.

Was kann der Kampfanzug? Er tarnt, schützt vor Verletzungen, vor Witterungseinflüssen, vor Verbrennungen. Er ist multifunktional. Er ist mit zahlreichen Taschen und Befestigungsoptionen versehen, erhält dabei aber stets die höchstmögliche Bewegungsfreiheit des Trägers. An den Knien und Schultern finden sich Polster, die zusätzlichen Schutz bieten. Er ist langlebig, extrem belastbar, haltbar und leicht zu reparieren – er erfüllt also sämtliche o.g.

Kriterien. Der Kampfhelm ist freilich mit einer anderen Kopfbedeckung zu vertauschen. Ein voll funktionsfähiger Kampfanzug mit Jacke, Rucksack, Stiefel und Ersatzwäsche usf. ist gebraucht ab 100€ zu haben. Kaufen Sie bitte nur <u>echte Armeeausrüstung</u>, keine billigen Camouflage-Kopien. Bei Ebay oder dem lokalen Natoshop können Sie aus den Restbeständen nahezu jeder Armee auf diesem Planeten auswählen. Russisches, deutsches und US-amerikanisches Equipment ist gebräuchlich und sehr günstig zu haben. Kaufen Sie bitte die Ausrüstung den zu erwartenden klimatischen Verhältnissen entsprechend. Ein Wüstenanzug wird Ihnen in einem Westerwälder Winter wenig bringen. Ihre Bekleidung sollte sich weiterhin an den härtest möglichen Bedingungen orientieren. In unseren Breiten ist das der wind- und regenreiche Herbst und ein kalter Winter mit viel Eis und Schnee.

11 Ausrüstung für die Reise (Bug-out bag)

Wiederrum bietet die militärische Ausstattung eines Soldaten im Feld eine nahe perfekte Vorlage für die eigene Vorbereitung. Ich habe einige kleinere Anpassungen vorgenommen, aber im Prinzip handelt es sich bei der folgenden Aufzählung um die militärische Basisausrüstung einer Person, die alleine und ohne weitere Hilfsmittel unterwegs ist.

Rucksack/Tornister
- Reiseapotheke
- Zelt (doppelwandig/ Regenhaut)
- Schlafsack
- Moskitonetz (eignet sich auch zum Fischen!)
- Multitool (z.B. ein Leatherman Wave)
- Messer (ideal: mit glatter Klinge und gegenüberliegender Sägezahnteilung)
- Handspaten
- Handbeil
- Isomatte

- Regencape (ideal, wenn die Regenhaut des Zeltes als Überwurf nutzbar ist)
- Wasserfilter (nebst Chortabletten)
- Extra Unterwäsche
- Mehrere Paar Ersatzsocken (nasse Füße vermeiden!)
- Getönte Brille (für Sonne und Schnee)
- Signalpistole plus Munition (kleiner Waffenschein notwendig)
- 2 Metallwasserflaschen
- Proviant
- Notizblock, Kugelschreiber und Bleistift (für Notizen, Nachrichten, Karten, Skizzen)
- Socken!

Dazu kommen je nach Transportmöglichkeiten die weiter oben genannten Vorräte und Werkzeuge.

12 Allgemeine Verhaltensregeln im Krisenfall

In einem konkreten Krisenfall bedrohen Sie neben der Krise selbst (Naturkatastrophe, Stromausfall, Anschlag etc.) jene Personen, die von der Krise unvorbereitet getroffen werden. Meist stellt diese Personengruppe eine weit größere Gefahr dar, als die Krise selbst. Sie müssen also Ihr Verhalten dementsprechend anpassen. Hier einige Grundregeln, die allgemein gelten:

1. Kennen Sie das unmittelbare soziale Umfeld, Nachbarschaft, Gemeinde usf.: Anzahl und Zusammensetzung der Bewohner des sozialen Raums, Persönlichkeiten, Krankheiten, Fähigkeiten, Einstellungen usf.

2. Prognostizieren Sie das wahrscheinliche Verhalten des Umfeldes im akuten Krisenfall: Wohin werden die Menschen gehen, wenn Gefahr droht? Wie werden sie sich verhalten? Welche Routen werden sie

benutzen?

Raus aus den Städten, weg von den Menschen

In verdichteten Siedlungsgebieten wie Städten ist die Wahrscheinlichkeit von Gewaltausbrüchen, Plünderungen usf. bedeutend höher als in weniger dicht besiedelten ländlichen Regionen. Verlassen Sie im akuten Krisenfall, bzw. wenn dieser droht, umgehend dicht besiedelte Regionen.

3. Wie werden öffentliche Institutionen wie Polizei, Krankenhäuser, Feuerwehr usf. im Krisenfall reagieren? Sie sind überhaupt vorbereitet? Gibt es militärische Einrichtungen?

Militärische Einrichtungen...

...sind stets potentielle Ziele von Anschlägen und Angriffen. Auf der anderen Seite sind diese Institutionen meist besser befähigt, auf Naturkatastrophen oder Infrastrukturkrisen wie Stromausfälle zu reagieren, bzw. haben zusätzlichen Kapazitäten, um den ins Wanken geratenen sozialen Raum wieder zu stabilisieren.

13 Schnelle und langsame Krisen

Wir unterscheiden zwischen schnellen und langsamen Krisen. Schnelle Krisen sind solche, deren Wirkungen sich innerhalb eines relativen kurzen Zeitraums entfalten. Ein Terroranschlag ist eine schnelle Krise, die Veränderung des Klimas eine langsame. Freilich haben schnelle Krisen oft Langzeitfolgen, die sich nur sehr allmählich verwirklichen. Etwa wenn anhaltender Terrorismus in einem Land langsam die Stimmung und das Verhalten der Bevölkerung zu beeinflussen beginnt.

Schnelle Krisen erfordern eine entsprechend spontane Reaktion des Individuums. Die erste und wichtigste Reaktion ist Flucht – ein Verhaltensmuster, das uns dankenswerter Weise als Reflex zur Verfügung steht.

Langsame Krisen erfordern langsame, dafür oft umfassendere Veränderungen im Lebensstil. Langsame Krisen sind generell schwieriger zu erkennen und zu bewältigen, weil die betroffenen Individuen sich an die zögerliche Entfaltung der Wirkung oft schlichtweg gewöhnen, anpassen. Die Anpassung an die Umstände – ein sonst erfolgversprechendes Verhaltensmuster – wird hier zum Fallstrick. Daher ist es wichtig die oben beschriebene Sensibilität für echte und falsche, offene und verborgene Krisen zu entwickeln und diese im Kontext mit der eigenen Lebenswirklichkeit zu beurteilen. Viele langsame Krisen des sozialen Raums zeitigen bemerkenswerter Weise ähnliche Fluchtbewegungen wie spontane Krisen. Der Unterschied liegt in der Vorbereitung, Dauer und Reichweite der Fluchtbewegung. Wir können in der Geschichte etliche Migrationsbewegungen und deren Folgen betrachten. So wird etwa die mongolische Expansion nach Europa auf eine Klimaveränderung, eine Mini-Eiszeit zurückgeführt, die einen allmählichen Rückgang der landwirtschaftlichen Erträge bedingte.

14 Physische Fluchtbewegung

1. Versuchen Sie den von der Krise betroffenen Bereich, sei es lokal, regional oder sozial schnellstmöglich auf Nebenrouten zu verlassen.
2. Vermeiden Sie Menschenmengen.
3. Vermeiden Sie belebte Verkehrswege und Plätze.

15 Soziale, psychische Fluchtbewegung

Ist die Krise abstrakter Natur und betrifft beispielsweise die ethische Struktur des sozialen Raums, ereignet sich die Fluchtbewegung mittels eines Repositionierung *innerhalb des sozialen Raums*. Anpassungen im eigenen Lebensstil werden erforderlich.

Die meisten Menschen vollziehen diese Bewegung unbewusst mit entsprechend unabwägbaren, teils sehr negativen Folgen für sich und den sich verändernden sozialen Raum. Ich spreche hier von der Herausbildung sozialer Subsysteme als Opposition/ Alternative zur als bedrohlich empfundenen echten oder propagierten Veränderung der Wirklichkeit. Der ideologische Linksrutsch in Europa seit der 68-Bewegung ist verantwortlich für den Erfolg der Alt-Rechten Gegenbewegung in der Gegenwart. Das Fundament der Alt-Rechten Bewegung ist die konservative Grundhaltung in weiten Teilen der Bevölkerung, und die sich von dieser Grundhaltung immer weiter entfernenden, d.h. sich radikalisierenden Ideologie sozialer Eliten. Die Subsysteme ihrerseits sind recht divers und verkörpern praktisch nie die ideologische Grundhaltung jener Menschen, die sich zu ihnen flüchten. Die neutral-konservative Grundhaltung wird um den Preis einer „kleinen" Radikalisierung aufgegeben, die generell als „das kleinere Übel" empfunden wird.

Für ein Überleben einer massiven Krise des sozialen Raums ist es förderlich sich grundsätzlich keiner Gruppierung formal oder ideell anzuschließen, sondern den Gesamtprozess als stiller Beobachter genau zu verfolgen und den jeweiligen Krisenfolgen frühzeitig auszuweichen.

Ist der Verfall des sozialen Raums soweit fortgeschritten, dass ein neutraler Standpunkt nicht mehr aufrechtzuerhalten ist – in Zeiten des Bürgerkriegs wird der Neutrale von den Streitenden immer als Feind angesehen -, sollte man sich frühzeitig der siegreichen Partei anschließen.

16 Wenn Sie vor Ort bleiben

Ist die Krise von solcher Art, dass Sie vor Ort bleiben können (oder müssen), beachten Sie folgende Vorsichtsmaßnahmen.

1. Halten Sie vorab Ihre Krisenvorbereitung unbedingt geheim. Informieren Sie im Vorfeld niemanden über ihre Vorsorgebemühungen – den engsten Familienkreis natürlich ausgenommen. Orte, von denen bekannt ist, dass dort z. B. Vorräte eingelagert sind, sind im Krisenfall primäre Ziele von Plünderungen.

2. Verhalten Sie sich in der Öffentlichkeit wie Ihr nicht vorbereitetes Umfeld. Herrscht beispielsweise Nahrungsmangel, sorgen Sie dafür, dass Sie im gleichen Maß wie Ihr Umfeld Gewicht verlieren bis sich die Lage entspannt. Fehlen dagegen Rasierklingen, rasieren Sie sich nicht, auch wenn Sie über entsprechende Ressourcen verfügen.

3. Bestätigen und wiederholen Sie das Gerede Ihres Umfeldes. Jammern und schimpfen Sie über die gleichen Unbilden mit gleicher Intensität. Zeigen Sie sich ähnlich betroffen und ängstlich, ohne sich dabei zu unsinnigen oder gefährlichen Aktionen hinreißen zu lassen.

4. Wirken Sie beschwichtigend auf Ihr Umfeld ein, machen Sie Ihren Mitmenschen ggfs. Hoffnung, um den Frieden zu erhalten.

5. Achten Sie auf die Stabilität Ihres Umfeldes. Sollten sich die Vorzeichen nach einiger Zeit nicht verbessern oder gar verschlechtern, reagieren Sie entsprechend. Sollte eine Abwanderung nötig werden, treffen Sie die Vorbereitungen im Geheimen und gehen Sie entweder ohne Vorwarnung oder unter falschen Vorwänden.

17 Tauschmittel

Dauert die Krise länger an, besteht eine hohe Wahrscheinlichkeit, dass sich präferierte Tauschmittel verändern. Gerade der Kollaps eines sozialen Raums zieht dessen Währung – also das primäre Tauschmittel – massiv in Mitleidenschaft. Aber auch schon der Mangel an bestimmten Gütern, kann alternative Währungen und Märkte auf die Tagesordnung rufen, z.B. Schwarzmärkte.

Vor allem gegen die Wirtschafts- , Finanz,-

und/oder Währungskrisen wird der Besitz von Edelmetallen empfohlen. Gold- und Silbermünzen gelten als inflationssicher und wertbeständig. Ähnliches gilt für gewisse Wertpapiere, Immobilien, Grundbesitztümer u.ä.

Ich halte diese Arten von Sicherheiten für äußerst spekulativ und daher nicht für geeignet, in die Krisenvorsorge mit einbezogen zu werden. Grundbesitz kann enteignet oder besteuert werden (bspw. Zwangshypotheken nach dem 2. WK). Gleiches gilt für Immobilien. Noch unsicherer sind Wertpapiere (Aktien, Schuldverschreibungen aber auch Geldscheine) jeder Art. Technisch gesehen verbürgen diese einen Anspruch gegen eine andere Person, der auf dem geltenden Recht eines sozialen Raums fußt. Vermag der soziale Raum in der Krise nicht mehr diese Rechtsnormen einzufordern, wird das Wertpapier wertlos. Gold, Silber und Edelstein haben gleichfalls nur einen *abstrakten* Wert. Sie sind nicht überlebensnotwendig, daher ist Ihr Tauschwert extrem situationsabhängig.

Konkreten und darin *echten* Wert hat alles, was im Sinne der Bedürfnisbefriedigung der 1. und in Abstrichen der 2. Klasse verwendet wird. Hier steht an erster Stelle Nahrung. Nach dem 2. WK fuhr die Stadtbevölkerung zum Hamstern aufs Land. Kostbare Antiquitäten, Schmuck und Luxusartikel aller Art wurden gegen Rüben und Kartoffeln verhandelt! Haltbare Kleidung, vor allem Winterkleidung hat gleichfalls einen hohen Wert, ebenso feste Schuhe. Werkzeuge und Ersatzteile für Maschinen, die in Betrieb sind ebenfalls in Erwägung zu ziehen, auch wenn man hierfür ggfs. Lagerplatz benötigt. Zigaretten und Alkohol sind bedingt geeignet, Alkohol mehr als Zigaretten. Eine der besten Anlagen scheinen mir Medikamente wie Schmerzmittel und Antibiotika – sie sind haltbar, leicht zu transportieren und jemand der krank ist oder unter Schmerzen leidet, wird einen hohen Preis dafür bezahlen. Nachteilig ist, dass Medikamente in relativ großen Mengen vorhanden sind. Diese Anlage steigt mit der Zeit im Wert.

18 Waffen

Auch auf den Fall einer Handgreiflichkeit sollten Sie vorbereitet sein, wenn auch Ihr Hauptaugenmerk auf der Vermeidung derselben liegen sollte. Meiden Sie daher jene Menschen, die von der Krise stärker betroffen sind, als sie selbst. Vor allem Personen, deren Bedürfnisse der 1. Klasse nicht mehr bedient werden (Hunger, Durst usf.), sind unberechenbar.

Ideal ist, wenn Sie sich einen Waffenschein besorgen und Ihrer Ausrüstung ein Gewehr und eine Handfeuerwaffe hinzufügen. Vergessen Sie nicht ausreichend Munition zu besorgen. Laden Sie die Munition in Ersatzmagazinen – lose Kugeln helfen Ihnen im Fall der Fälle kaum. Wer keinen Waffenschein besitzt, muss sich mit archaischeren Mitteln zu helfen wissen.

Grundsätzlich sind Rückzug und Flucht dem Kampf vorzuziehen. Selbst wenn Sie den Angreifer überwältigen sollten, besteht doch immer die Gefahr einer Verletzung, die in der Krise fatal sein kann. Ist keine Flucht möglich, versuchen Sie Ihren Gegner abzuschrecken. Die größte Abschreckung ist eine als solche erkennbare Waffe. In Ihrer Notausrüstung befinden sich drei geeignete Handwaffen, die Sie vor allem auf Reisen griffbereit haben sollten: Das Messer, der Spaten und das Handbeil. Letzteres dürfte das größte Abschreckungspotential entfalten.

Auch in der Hand eines ungeübten Kämpfers ist ein Beil eine gefährliche Waffe. Der Körper des Gegners ist im Nahkampf leicht zu treffen. Der Einschlag der Klinge wird praktisch immer schwere Verletzungen nach sich ziehen. Mit dem Messer umzugehen ist schwieriger. Auch muss man näher an den Gegner heranrücken, was hochgefährlich ist. Der Spaten hat den Nachteil, das er womöglich nicht als Waffe ernst genommen wird, d.h. ihm fehlt das Abschreckungspotential.

Wenn Sie sich in einer aussichtslosen Situation wiederfinden, kapitulieren Sie. Vergessen Sie bitte Spielereien wie selbstgebaute Armbrüste, Speere und Schwerter, die von manchen Doomsdaypreppern empfohlen werden. Gehen Sie Konflikten aus dem Weg!

Struktur und Verlauf der Krise

1 Krisen, Krisen, überall Krisen

Vielleicht liegt es am gefühlten Zusammenwachsen der Welt, an der medialen Verkürzung und Komprimierung unserer Perspektive auf die tagesaktuellen Ereignisse, vielleicht liegt es an der vagen und immer vager werdenden Definition des Begriffs selbst oder am Ende doch an der quantitativen und qualitativen Zunahme besorgniserregender Ereignisse und Entwicklungen – das Resultat bleibt das Gleiche: Die Krise ist Normalität, Alltag geworden, der Ausnahmezustand ist der Status quo. Man denke nur die letzten Jahre zurück: Immobilienkrise, Finanzkrise, Schuldenkrise, Krimkrise, Ukrainekrise, Fukushima, Klimakrise, Rentenkrise, Armutskrise, Flüchtlingskrise... Wir stolpern, so sagen uns die Medien, so sagen wir uns selbst, von einer Katastrophe in die nächste. Ruhe und Kontinuität finden sich, wenn überhaupt, nur noch im Privatbereich. Doch auch dorthin dringt die vielköpfige Hydra der Krise mit ihren zahllosen Anfechtungen vor: Ehekrise, Beziehungskrise, Erziehungskrise, Lebenskrise, Sinnkrise. Krisen wohin man blickt, Krisen ohne Ende, ohne Grenze. Man bekommt kaum noch Luft, kann kaum noch einen klaren Gedanken fassen, vermag kaum noch den Blick über die bedrohliche Gegenwart hinaus in die Zukunft zu richten, aus Furcht, sie wäre noch düsterer und hoffnungsloser als das ohnehin viel zu schnell erodierende Jetzt.

Machen wir uns nichts vor – wir können die Krise nie überwinden. Schlägt man der Hydra einen ihrer Köpfe ab, wächst dieser doppelt und dreifach nach. Das gilt für *echte* wie für *falsche* Krisen – später werden wir lernen, die Chimäre unserer Alpträume von der sehr reellen zu unterscheiden. Movens und Dynamis der Krise ist die Angst. Die Angst *entdeckt* die Krise und ist oft auch ihre schwerste, mithin einzige Folge. Die Angst bezieht ihre Macht nicht aus der Wirklichkeit, sondern aus unserer Vorstellungskraft, d.h. unserer Einschätzung der Wirklichkeit. Die menschliche Fantasie ist grenzenlos. Wie sollte da nicht auch unsere Angst grenzenlos sein? Wie sollten da nicht auch die Krise, ihre

Ursachen und Folgen grenzenlos sein?

Wie *überlebt* man die Krise? Wie *lebt* man in der Krise, d.h. im permanent vermittelten Ausnahmezustand? Gibt es eine Möglichkeit, jenseits der Krise zu existieren? Gibt es ein Schwert, das stark genug ist, den Drachen zu töten? Dieser Fragekomplex hat natürlich viele Facetten. Im Letzten läuft er auf das Verhältnis des Einzelnen zu seiner Um-Welt, seiner eigenen Geschichtlichkeit, seinen Plänen, Wünschen, Hoffnungen und vor allem seinen Bedürfnissen hinaus. Ich greife vor: Krisenbewältigung ist Lebens-Bewältigung.

Der Zusammenhang zwischen praktischer Lebensführung und Krisenvorbereitung ist so erstaunlich wie erfreulich. Indem wir uns auf das Schlimmste vorbereiten, lernen wir, gut zu leben. Indem wir lernen, echte Gefahren von falschen zu unterscheiden, ziehen wir unseren Alpträumen den Zahn. Wenn die Zukunft ihre Schrecken verliert, erstrahlt die Gegenwart im Glanz freier Sorglosigkeit. Wer auf die Krise vorbereitet ist, führt ein ruhiges, zufriedenes Leben, ein Leben ohne Angst und Sorge, weil auf das Wesentliche, d.h. das Wichtigste reduziert oder potenziert – ganz wie man es sehen will. Anders formuliert: Wer *in* der Krise leben kann, der versteht zu leben, weil er das Leben versteht: Sein Leben ist zu seinem Eigentum geworden, er hat die volle Kontrolle darüber.

2 Entscheidung, Urteil, Umwälzung

Welche Fragen müssen wir uns stellen? Welche Antworten suchen wir? Ziel dieses Buches ist es, dem Leser Werkzeuge und Strategien an die Hand zu geben, die ihn in die Lage versetzen, sich selbst aus dem Chaos alltäglicher lokaler und globaler *Ungewissheiten* herauszuziehen und größtmögliche Kontrolle über sein Leben zu erhalten. Es genügt nicht, die Krise zu überleben. Es genügt auch nicht, *trotz* der Krise zu leben. Wir streben ein Leben, ein echtes, freies, selbstbestimmtes Leben trotz und in der Krise. Das ist das Ziel.

Um die entsprechenden Antworten zu produzieren, müssen wir die richtigen Fragen stellen. Wir müssen begreifen, was unser Leben lebenswert macht, welche Werte durch die Krise in Frage gestellt werden, was die Krise in diesem Kontext überhaupt für den Einzelnen bedeutet, wie man eine echte von einer falschen Krise unterscheidet, wie die Fähigkeit der *Unterscheidung* am Ende zum Werkzeug der Erlösung von der Angst werden kann, indem sie die individuelle *Entscheidung*, d.h. das aktive Bemeistern des eigenen Lebens ermöglicht.

Die Entscheidung *für* das eigene Leben schließt den Kreis der Krisenbewältigung auf wundervolle Weise: Das Wort Krise (Krisis, kritein) stammt aus dem Griechischen. Es bedeutet bezeichnenderweise Entscheidung, Urteil. Der Kritiker der Krise betrachtet jene im Kontext seines eigenen Erfahrungshorizontes, er unterwirft sie seinem subjektivem Urteil. Durch diese Beschäftigung mit ihr wird ihm der eigentliche Bestand seines Wirklichkeitshorizonts erst bewusst. So wird ihm die Krise zum Mittel eines entschiedenen und bewussten Lebens. Eine Krise zu meistern, bedeutet nichts anderes als selbst zum Kritiker jener Schatten zu werden, die das eigene Lebenslicht zu verdunkeln suchen. Der Gegenstand der Kritik ist und wird und muss alles sein, was Einfluss auf das eigene Leben im Besonderen und das Leben (nebst den Bedingungen seiner Möglichkeit) im Allgemeinen nimmt oder zu nehmen sucht. Die an uns herangetragene – man mag sagen: die uns vorgeschlagene, angeratene – Krise muss Gegenstand der eigenen Kritik werden.

3 Was ist „Krise"?

Definieren, d.h. begrenzen wir den Begriff zunächst wie folgt:

Krise bezeichnet ein Konglomerat fest verknüpfter oder lose zusammenhängender Ereignisse, deren Folgen das persönliche, individuelle Leben nachhaltig im Sinne seiner Alltäglichkeit beeinflussen.

Diese Definition erhebt keinen Anspruch auf Allgemeingültigkeit. Sie ist voreingenommen und auf die Zielsetzung dieses Büchleins hin abgestimmt. Zudem verzichten wir bewusst auf eine Bewertung der Folgen der Krise, noch beachten wir ihre globale und historische Potenz. Uns interessiert die Krise nicht als Phänomen für sich, sondern nur im Zusammenhang mit ihren Auswirkungen auf unser persönliches Leben. *Wir selbst sind der Maßstab der Krise.*

Was gewinnen wir aus dieser Definition? Zum einen befreien wir uns vom tagespolitischen Gepräge der Krise, von Meinungen und Stimmungen des sozialen Raums. Die öffentliche Bewertung einer Sachlage ist für die tatsächliche Wirkung der Krise innerhalb eines individuellen Lebenskontextes völlig zweitrangig. Es gibt beispielsweise eine statistische Wahrscheinlichkeit an Krebs zu erkranken, es gibt eine statistische Wahrscheinlichkeit vom Blitz getroffen oder Opfer eines Terroranschlags zu werden. Für das Individuum ist diese Wahrscheinlichkeit aber ohne Bedeutung. Die *Wahrscheinlichkeit* an Krebs zu erkranken, ist für sich genommen keine *echte* Krise – die faktische Erkrankung dagegen schon. Auf der anderen Seite wirkt auch eine *falsche* Krise krisenhaft, indem sie Angst verbreitet, wobei diese ihre einzige *echte* Folge bleibt. Man muss nicht Opfer eines Terroranschlags geworden sein, noch jemanden kennen, der Opfer wurde, um selbst schwer unter einer Stimmung zu leiden, die über dem sozialen Raum wie eine dunkle Wolke hängt. Die latente Angst in Kombination mit der bloßen Vorstellung, man könne getroffen werden, kann genügen, um schwerste Stresszustände bis hin zur Psychose auszulösen. In diesem Fall *besteht* die *echte* Krise in der Angst, die falsche dagegen in der geringen Wahrscheinlichkeit, Opfer eines Anschlags zu werden.

Aus Sicht des je betroffenen Individuums stellt sich die Sache nochmals anders dar. So kann es durchaus sein, dass ein faktisches Terroropfer dieses Ereignis innerhalb seines Daseinskontextes durchaus als Nebensächlichkeit auffasst, z.B. wenn es nur leicht verletzt wurde. Es sieht seine Betroffenheit ganz unkritisch, zuckt die Achseln und bürstet sich den Staub von den Schultern.

Unser Urteil im Bezug auf das, was eine Krise ist oder nicht ist, kann und muss sowohl *objektiv* (auf Seite der Krise) als auch *subjektiv* (auf Seite des Betroffenen) erfolgen. Wie hoch die Strahlungsbelastung in Fukushima wirklich ist und welche Auswirkungen die Krimkrise auf Europa, die Welt, die Menschheit haben wird – darüber sollen andere urteilen. Wir, wir alleine entscheiden, *was* eine Krise für *uns* ist und dann, in einem zweiten Schritt, *wie* wir sie bemeistern.

4 Die Substrukturen der Krise

Die erste globale Krise der Menschheit – sie zählte damals gerade zwei Personen – ereignete sich zweifellos im Schatten jenes Baumes, dessen Früchte verboten und deshalb köstlich waren oder umgekehrt. Die Krise war in dieser mythischen Konstellation von rein psychologischer Natur: Evas Wollen stand gegen das Wissen um das Verbot. Daraus folgt ein inwendiger Kampf ein Hin und Her zwischen Pflicht und Neigung. Die Krise im Garten Eden ereignet sich allein in Evas Psyche; der Biss in der Frucht ist bloße Folge und Symptom. Wir sehen hier, dass die Krise zum Grundbestand des Anthropos zu gehören scheint. Im Mythos wird ihre Architektur sichtbar, das tragende Skelett unter der beliebig eingefärbten Haut zufälliger äußerer Ereignisse.

Die Struktur der Krise ist immer dialektisch. Zwei Phasen, Stufen, Wirklichkeits- oder Ereignispotentiale, die auf ihrem kulminativen Höhepunkt, d.i. die als solche wahrgenommene eskalierende Krise, ein synthetisierendes oder dissolutives Drittes erzeugen, eine neue, die Existenz überformende Wirklichkeit. Die Krise besteht aus drei Komponenten: 1. Ereignispotential (Möglichkeit bestimmter Ereignisse und Zustände innerhalb eines Wirklichkeitsgebildes) 2. Eskalation (Verwirklichung bestimmter in 1. antizipierter Ereignisse) 3. Wirklichkeitskonstituens (Bildung einer neuen Wirklichkeit auf Basis der in 2. vollzogenen Eskalation). In unserem Beispiel wären dies Verbot, Versuchung und Vertreibung.

Weiterhin findet sich in der Grundstruktur der Krise immer auch ein chronologisches Moment. Die Krise ist und wirkt in und durch die Zeit. Die Zeit potenziert und reduziert ihre Dynamik. Je größer der zeitliche Rahmen, desto geringer wird die Bedeutung eines einzelnen krisenhaften Ereignisses. 2011 war der Reaktorunfall in Fukushima die am stärksten gefühlte Krise. In die Perspektive von fünf Jahren gesetzt, verliert sie allerdings in Anbetracht anderer krisenhafter Ereignisse bereits einen großen Teil ihrer *gefühlten, wahrgenommenen* Potenz. Die gegenwärtige, d.h. die die Gegenwart bedrohende, da herausfordernde Krise, ist <u>immer</u> die ärgste, weil sie am intensivsten empfunden bzw. vor-empfunden wird.

Das Gleiche gilt m. E. auch für die Lokalisation. Die Krise wird dort am ärgsten empfunden, wo sie sich faktisch ereignet, bzw. zu ereignen droht. Erweitert man den Rahmen der Örtlichkeit, verliert die Krise in der gleiche Weise ihre Macht wie bei einer Erweiterung des zeitlichen Rahmens. Aus der Ferne betrachtet und in die Vergangenheit gerückt, wirkt alles kleiner. Die *nächstliegende* Lokalität der Krise ist der eigene Körper.

Man könnte die Prinzipien von Raum und Zeit in ihrer die Krise konstituierenden Wirkung wohl am besten studieren, wenn man Greise über ihre Krankheiten und Gebrechen sprechen hört. Das *Wann* und *Wo* des Zwickens bestimmt seine eigentliche Qualität. Im gleichen Zusammenhang wird man unweigerlich an Epikurs Wort über das Ertragen des Schmerzes erinnert: Entweder er ist stark, dafür kurz, oder schwach, dafür lang. In beiden Fällen wird die Krise, d.i. hier das Empfinden des Schmerzes, gerade durch diejenigen Aspekte relativiert, die sie konstituieren.

Dass die Krise in Zeit und Raum gebannt ist, macht ihre dialektische Bestimmung unendlich einfacher. Tatsächlich ist sie in ihrem Grundbestand geradezu obszön simplizistisch, man kann sagen splitterfasernackt.

So erschütternd einfach gewoben stellt sie sich dar, dass sie das immer wiederkehrende Prinzip praktisch jedes Narratives werden muss. Kein Theaterstück, kein Film, kein Märchen, keine Sage, kein Roman, keine Symphonie ohne Höhe- und Wendepunkt, d.h. Punkt der *Entscheidung*, in welchem sich die künstlich hochgezüchtete Krise in Wohlgefallen oder Katastrophe entlädt – ganz wie es euch gefällt.

Zieht man die chronologische und lokale Bestimmtheit der Krise ab, bleibt das dialektische Skelett eines Skeletts übrig. Die Krise erscheint hier in ihrer Bezogenheit zur je „kritisierten" Sphäre: individuelle Lebenskrise, Midlife-Krise, Wirtschaftskrise, Glaubenskrise, Krise am Arbeitsmarkt, Krise des Bankensektors, Krise des Geldsystems etc. Die Krise selbst bildet keinen dialektischen Pol, sondern öffnet ein dialektisches Verhältnis innerhalb der kritisierten Sphäre, wo sie in Potential und Eskalation zerfällt. Sie bringt die Sphäre an den Siedepunkt, den Punkt der Entscheidung – darin besteht ihre wesentliche, ihre einzige Wirkung. Das durch die Krise überhaupt erst ins Sein gesetzte oder aus einem Zustand dämmernder Latenz ins Dasein gezerrte Verhältnis öffnet den Graben zwischen dem Status quo und der Möglichkeit seiner Veränderung, wobei nicht nur das Gepräge des Jetzt, sondern seine konstituierenden Elemente überhaupt auf dem Spiel stehen. Dieser Einsatz ist ein weiteres Wesensmerkmal der Krise. Es gibt keine *kleine* Krise, sondern jede Krise ist immer *fundamental*, mag auch der Bereich ihrer Wirkung eng bemessen sein. Was bedeutet eine Ehekrise schon für die Geschichte der Menschheit? Nicht viel. Und doch ist diese Krise in Bezug auf die von ihr jetzt und hier betroffene Sphäre – eine Ehe – genauso wirkmächtig wie die Gefahr eines vollkommenen nuklearen Holocaust in Bezug auf den Fortbestand der Spezies.

Besser als zwischen großen und kleinen, nahen und fernen, zukünftigen und vergangenen, unterscheidet man aber zwischen *echten* und *falschen* Krisen, bzw. lernt diese zu unterscheiden.

5 Echte und falsche Krisen

Nun, da wir alle definitorischen Werkzeuge bei der Hand haben, können wir echte von falschen Krisen unterscheiden lernen und den Gang dieses Ratgebers von den luftigen Höhen der – leider notwendigen – Abstraktion allmählich in jene Tiefen des konkreten, lebenspraktischen Bereiches führen, die der geneigte Leser zweifellos und mit Recht von diesem Büchlein erwartet.

„Gefahr erkannt, Gefahr gebannt", sagt das Sprichwort. Wir könnten den Satz umformulieren in: „Krise erkannt, Krise gebannt" und würden damit nichts Falsches behaupten. Wer die Krise, gleich in welcher Gestalt sie sich am Ende zeigen mag, vorzeitig erkennt, wird ihren Folgen zumeist nicht ausgesetzt sein müssen. Darum besteht Krisenbewältigung größtenteils im frühzeitigen Erkennen. Danach kommt die *grundlegende* Vorbereitung. Aber worauf sich *grundlegend* vorbereiten? Hier scheidet sich die Spreu vom Weizen. Etliche Ratgeber nehmen mehr oder weniger wahrscheinliche Szenarien als Grundlage für die je empfohlene Vorbereitung. Ein atomarer Unfall, Bürgerkrieg, Kometeneinschlag, Erdbeben, Flut, Großbrand, Dürre oder die Zombieapokalypse – alles ist möglich, auf alles kann man sich vorbereiten und dabei doch unvorbereitet sein. Denn wer weiß, wie eine Flutkatastrophe sich im konkreten Fall *wirklich* ausnimmt? Wer weiß, wie Menschen und sozialer Raum im konkreten Fall reagieren? Man weiß es nicht. Die Unwissenheit schürt Sorge und Angst, die Angst aber ist das toxische Resultat der falschen Krise.

Wir haben die Krise definiert als etwas, das <u>die Alltäglichkeit nachhaltig beeinflusst</u>, bzw. beeinflussen kann. Ganz bewusst haben wir uns einer negativen Voreingenommenheit enthalten. Die Krise muss nichts Schlechtes sein, sie muss nur den Alltag verändern. Die Erfindung des Telefons, die allmählich fortschreitende Elektrifizierung privater Haushalte, massenhaft hergestellte Produkte – der Eintritt dieser uns heute so selbstverständlichen Errungenschaften in den Bereich der Alltäglichkeit geschah immer im Zuge einer diese Alltäglichkeit verändernden Krise. Viele, um bei diesen Beispielen zu bleiben, profitierten von der Krise, einige aber – die ihr Auskommen mithilfe veralteter Technologien fristeten – fielen ihr zum Opfer, so sie nicht vorgesorgt hatten. Vorsorgen vermochten aber nur jene, die 1. die Krise bereits im Stadium ihres Entstehens erkannten und 2. die echten von falschen Krisen zu unterscheiden in der Lage waren. Steigen wir in 2. ein:

Eine *echte* Krise, um es auf das Wesentliche zu reduzieren, kann echte Folgen haben oder hat sie tatsächlich, während bei einer *falschen*, d.h. einer vermeintlichen Krise die Folgen entweder marginal sind oder faktisch gar nicht auftreten – Folgen, dies muss nochmals betont werden, für die von der Krise betroffene oder eben nicht betroffene Sphäre (Person, Gruppe, sozialer Raum usf.) im Hinblick auf ihre Alltäglichkeit. Mit dieser banalen Unterscheidung haben wir schon viel für die Krisenvorbereitung und -bewältigung gewonnen, weil wir schlichtweg einen Großteil der uns medial vermittelten Krisen, nun als das enttarnen können, was sie *für uns wirklich* sind: gehaltlose Gespenster wie etwa die Mär vom Waldsterben in den 70ern – im Jahr 2000 wird es in Europa praktisch keine Wälder mehr geben – oder die Hysterie um das ewig wachsende Ozonloch – im Jahr 2000 werden wir alle Hautkrebs bekommen...

Ein Beispiel zur Verdeutlichung: Der latent schwelende Bürgerkrieg in Somalia stellt noch immer eine anhaltende Krise dar. Aber wer sind die Betroffenen dieser Krise? Die Opfer des Krieges natürlich, die Kombattanten, Terroristen, sprich all jene, deren Leben permanent in Gefahr ist, den herrschenden Umständen zum Opfer zu fallen. Angeschossen zu werden, ist eine echte Folge einer echten Krise, die sich in der übergeordneten Ereignis-Gestalt eines Krieges als dessen Alltäglichkeit ereignet. Für den typischen Europäer ohne Bezug zu jenem vom Unheil heimgesuchten Teil der Erde ist diese Krise dagegen ohne Relevanz. Sie trifft ihn nicht wirklich. Die Zeitung, in der er von den Gräueln des Krieges liest, macht ihm mithin Angst oder erregt seine Anteilnahme. Dies sind der Form nach marginale und falsche Folgen einer falschen Krise. Vielleicht überblättert er auch entsprechende Meldungen aus Überdruss oder Desinteresse. Dann hat diese falsche Krise überhaupt keine Folgen für ihn und hört damit auch auf, Krise zu sein.

Umgekehrt ist die anhaltend geringe Geburtenrate in Deutschland für einen Somali, der davon erfährt, ohne Bedeutung, wohingegen sie für das betroffene Land selber eine echte, existentielle Krise darstellt, deren Folgen bereits allgegenwärtig sichtbar sind.

Um Krisen erfolgreich zu überstehen, muss man sich zunächst die Frage stellen, genauer: man muss dem Krisengespenst die Frage stellen, ob seine potentiellen Wirkungen überhaupt *meine* Daseinssphäre signifikant berühren. Der größte Feind des vernünftigen Urteils ist an dieser Stelle wiederum die Einbildungskraft, die vom langen Schatten eines Insektes auf dessen Größe schließt, ohne das Tierchen je selbst in den Blick genommen zu haben. Gerne machen wir aus Mücken Elefanten. Leider geht dieses Spiel auch in die andere Richtung.

Etliche echte Krisen bedrohen uns, ohne dass wir uns darüber je bewusst werden. Wir sehen das Damoklesschwert über uns nicht, weil wir die Augen schließen oder in eine andere Richtung blicken. So werden wir unwissend – nicht unschuldig – Opfer der Monster, die unter unseren Betten hausen – wir haben sie dort freundlicherweise einquartiert und dann geflissentlich vergessen.

Die gefährlichsten Krisen sind verborgene, echte Krisen, beispielsweise eine notwendig eintretende Erberkrankung eines Individuums oder eine Energiekrise eines hochentwickelten Landes.

Die harmlosesten Krisen sind offene, falsche Krisen wie etwa, dass der persönliche Favorit in einer Castingshow ausscheidet oder dass die Nationalmannschaft mit Verletzungsproblemen zu kämpfen hat.

Echte Krisen erzwingen Entscheidungen, sie verändern Gepräge und Möglichkeiten der Existenz. So gesehen ist das Leben an sich eine andauernde, latente

Krise, die in bestimmten Momenten aus ihrer Schattenwohnung tritt, um im nächsten Augenblick wieder darin zu verschwinden: die erste Liebe, das erste Wort, der erste Schultag, Prüfung, Berufswahl, Partnerwahl, Krankheit, Reproduktion, endlich das Alter – viele Unwetter und warme Sommerregenschauer ziehen über die Landschaft unserer Tage hinweg, manche kurz, dafür gewaltig in Wirkung und Nachhall, andere länger andauernd, dafür unsichtbar, unterirdisch wühlend. Diese echten Krisen sind so sehr Teil unseres Lebens – nicht unseres Alltags! – , dass wir sie meist übersehen. Wir beobachten sie an unseren Mitmenschen und wir reflektieren über sie, wenn sie uns wieder verlassen haben – eine Meditation über Ruinen, die eine sonderbare Archäologie des eigenen Daseins gebiert, einer anekdotalen Geschichtsschreibung, die stets das Wesentliche des Lebens, d.i. seine Alltäglichkeit, verschweigt. Während wir in einer echten, verborgenen Krise sind, gleichen wir einem Spielball von wilden Kräften, die in und durch uns wirken und doch nicht oder zumindest nur sehr unvollkommen in unser Bewusstsein treten. Der Mensch in einer solchen Krise ist wie ein Besessener. Die anderen sehen seinen Zustand, er selbst aber ist blind dafür, bis er wieder aus ihm heraustritt.

Neben den persönlichen Lebenskrisen, denen wir im Prinzip schutzlos ausgeliefert sind, wenn uns nicht ein gerüttelt Maß an Selbstdisziplin, Reflektionsfähigkeit, Selbstkritik und ein bewährter moralischer Kompass in Form einer praktischen Philosophie oder Religion zu Gebote steht, interessieren uns in diesem Büchlein vor allem echte, offene und verborgene, Krisen, die global vermittelt sind und die wir tatsächlich meistern können. Echte, global oder sozial vermittelte Krisen sind jene, die die Fundamente unserer alltäglichen Existenz <u>in einem größeren sozialen Kontext</u> zum Einsturz bringen können. Freilich gehören dazu nicht irgendwelche Kleinkriege am anderen Ende der Welt, so grausam und tragisch diese sich auch für die vor Ort Betroffenen ausnehmen mögen. Auch ein Tsunami an einer fernen Küste, ein ausbrechender

Vulkan, eine katastrophale Dürre, die unser täglich Brot, polemisch gesprochen, um 10 Cent verteuert, während sie in woanders Tausende das Leben kostet, sind in ihrer Wirkmacht für uns zumeist zu vernachlässigen (marginal). Andere Krisen wiegen hier ungleich schwerer. Die Veränderung unserer Art des Kommunizierens mittels sog. sozialer Medien beispielsweise hat nicht nur die Potenz, das Leben des Individuums radikal umzugestalten, sondern auch, unsere gesamte westliche Zivilisation in ein bis zwei Generationen zum vollständigen Niedergang oder in ein völlig neues Zeitalter zu führen. Diese echte Krise gehört zu jenen, die kaum wahrgenommen werden, dabei aber ausnehmend dringlich sind.

Eine weitere echte Krise wäre die zunehmende Diversifikation von Kompetenzen in Wissenschaft und Wirtschaft bei gleichzeitigem Verlust einer individuell-universalen Perspektive, meint: die Fähigkeit des Einzelnen das Ganze als Ganzes zu sehen und zu beurteilen, ohne seine Details notwendig in ihrer je eigenen Komplexität begreifen zu müssen. Das Netz der Gesellschaft wird zunehmend kleinteiliger und diffiziler. Der Einzelne muss dementsprechend immer speziellere Funktionen innerhalb der arbeitsteiligen Gesellschaft übernehmen. Das Resultat für den sozialen Gesamtorganismus ist, dass bei gleichzeitiger Verfeinerung der Fähigkeiten seiner Individuen und Qualität seiner Erzeugnisse, auch seine Störanfälligkeit zunimmt. Sobald ein Rädchen in der Maschinerie nicht mehr seinen Dienst tut, kann der ganze Apparatus ins Stocken geraten. Der Spezialist aber ist, um das Beispiel auf die individuelle Ebene zu bringen, ohne die sein Spezialistentum tragende soziale und wirtschaftliche Infrastruktur hilfloser als ein Kind, denn ihm mangelt die universale Perspektive und basale Kompetenzen. Dass unsere Infrastruktur überaus anfällig ist und tatsächlich sehr leicht zerstört werden kann – nun, um das zu wissen, muss man kein Spezialist sein, sondern nur ein paar Augen im Kopf haben.

Kategorien der Krise

Wir unterscheiden die Krise also mittels folgender Kategorien:

- *offen und verborgen*
- *echt und falsch*
- *individuell und sozial (wirksam und/oder vermittelt)*

Beispiele:

*offen, echt, individuell: schwere Krankheit
verborgen, echt, individuell: unerkannte Impotenz (Kinderwunsch vorausgesetzt)*

*offen, falsch, individuell: Bekleidungsfehlkauf
verborgen, falsch, individuell: -*

*offen, echt, sozial: Bürgerkrieg, schwere Naturkatastrophe
verborgen, echt, sozial: Geburtenrückgang, Verarmung*

*offen, falsch, sozial: politische Skandale, sportliche Niederlagen
verborgen, falsch, sozial: -*

6 Krise der Alltäglichkeit/Alltäglichkeit der Krise

Werden wir noch konkreter: Wenn die für uns relevante Krise sich dadurch auszeichnet, dass sie das Gepräge unseres alltäglichen Lebens umzuwälzen in der Lage ist, müssen wir uns fragen, wie denn dieses alltägliche Leben überhaupt und grundsätzlich beschaffen ist, d.h. was an unserem Leben ist *grundsätzlich, gründend, essentiell*.

Das Zauberwort zum Verstehen des je individuellen Daseins ist seine <u>Alltäglichkeit</u>. Als Alltäglichkeit bezeichne ich jenen Modus des Lebens, den wir wie einen Kokon um unsere zerbrechliche Existenz gesponnen haben, um uns ihrer Beständigkeit trotz und/oder gerade wegen aller Anfechtungen, der sie jederzeit ausgesetzt ist, versichert zu wissen. Sie ist jenes eng gezogene Erfahrungspotential, das das Gros unseres Verhaltens, Fühlens, Bewertens und Entscheidens determiniert, ohne dass wir auch nur einen Gedanken daran verschwenden. Sie ist der unreflektierte Modus Vivendi des Daseins, vergleichbar dem Bourdieu'sche Habitusbegriff, dem heideggerschen *Man,* der mann'sche Borniertheit usf.

Worum handelt es sich bei dieser Alltäglichkeit genau? Man kann sagen, dass sie innerhalb eines sozialen Raums den kleinsten gemeinsame Nenner repräsentiert. Darin ist sie Bedingung der Möglichkeit der Individuen innerhalb eines sozialen Raums miteinander relativ problemlos und effizient zu interagieren. Je weiter der gefasste soziale Rahmen, desto allgemeiner und unbestimmter seine Alltäglichkeit, je enger, desto differenzierter und konkreter. Der Alltag der Einzelperson ist so individuell wie sie selbst. Der Alltag des Menschen an sich ist dagegen so basal und abstrakt wie er selbst unter der Bestimmung seiner Spezies. Die grundlegenden Ziele, die in der Alltäglichkeit in mehr oder minder direkter Form angestrebt und realisiert werden, stellen das alle Individuen eines sozialen Raums verbindende Moment dar – diese Alltäglichkeit aber ist der Angriffspunkt der Krise, ihr eigentlicher Wirkungsbereich.

Auf die Grundmomente seines alltäglichen Lebens heruntergebrochen, gleicht, trotz aller scheinbarer Unterschiedenheit, ein Mensch dem anderen, ein Leben dem anderen und dies an allen Orten und zu allen Zeiten. Was sind diese Grundmomente? Nun, nichts anderes als sämtliche alltägliche Verhaltensweisen, Bedingungen und Möglichkeiten, die darauf abzielen, die <u>Grundbedürfnisse</u> unseres Lebens zu befriedigen.

Die Alltäglichkeit zielt darauf ab, die Grundbedürfnisse des Individuums auf möglichst routinierte und effiziente Weise zu bedienen.

Es gibt verschiedene Modelle diese Bedürfnisse mehr oder weniger präzise und differenziert darzustellen.

Für unsere Zwecke genügt ein simples Modell. Wir bedienen uns jenes allgemein bekannten von Maslow und selbst dieses stellen wir stark vereinfacht dar. Weil wir die Bedürfnisse später im Kontext der sie angreifenden Krise diskutieren, stelle ich sie auch innerhalb jener *Integritätssphären* vor, in welchen die Bedürfnisse befriedigt werden.

Ich unterscheide: Körper, Psyche und sozialer Raum.

Die Alltäglichkeit des Lebens dient dazu, die Integrität der einzelnen Sphären aufrechtzuerhalten, bzw. sie zu reproduzieren.

1. Bedürfnisklasse: Die <u>körperliche Integrität</u> verlangt Nahrung, Wasser, Gesundheit, Bekleidung etc. – also alles, was für Wohlbefinden und die Funktionalität des Körpers vonnöten ist. Als soziales Lebewesen konstruiert, ist die Erfüllung dieser Bedürfnisse nur im Ausnahmefall vom Einzelnen zu leisten. Normalerweise wird eine Gruppe hierfür zusammenarbeiten. Diese auf das absolute Minimum der Bedürfnisbefriedigung ausgelegte soziale Einheit nennen wir *archaische Kleingruppe*.
Ziel dieser Integritätssphäre ist das <u>Überleben des Individuums</u>.

2. Bedürfnisklasse: Die <u>psychische Integrität</u> verlangt nach Ruhe, einem Gefühl (!) von Sicherheit, Berechenbarkeit der Umwelt, Ästhetik, einem Gefühl (!) von Hoffnung, von Zukunft, Möglichkeiten schöpferischer Tätigkeit etc. – alles, was für eine gesunde Psyche nötig ist, bzw. wessen Fehlen notwendig zu psychischen Störungen führen wird. Primäre und basale soziale Kontakte wie Ansprache, psychische Intimität usf. fallen ebenso unter diese Klasse; sie werden zumeist von der *archaischen Familie/Sippe* bedient.
Das Ziel dieser Integritätssphäre ist es, den Rahmen für die <u>Weitergabe des Lebens</u> zu schaffen.

3. Bedürfnisklasse: Der soziale Raum verlangt nach einem geregelten und berechenbaren Umgang mit den für unser Leben unerlässlichen Mitmenschen. Der wichtigste, da konkreteste Aspekt ist hier die *moderne Familie und der Freundeskreis* als Harmonieeinheit, die gleichsam Ort der Bedienung praktisch sämtlicher basaler und mithin auch verfeinerter Bedürfnisse ist oder sein kann. Dem sozialen Raum eignen Konventionen, Sitte (Mores), gesellschaftlichen Institutionen, Hierarchien, Werte (Ethos) usf.

Ziel des sozialen Raums ist, die Bedürfnisse der ersten beiden Klassen für die in ihm existierenden Individuen durch Regeln und Ordnungen zu gewährleisteten, zu vereinfachen und zu verfeinern.

Eine echte Krise wird die Integrität einer oder mehrerer dieser drei Sphären dauerhaft oder auf Dauer antasten und dadurch die Möglichkeiten und Methoden zur Stillung der jeweiligen Bedürfnisse in Frage stellen. Hierbei ist dem Vorbehalt Beachtung zu schenken, dass eine Krise durchaus eine oder mehrere Sphären oder ein oder mehrere Bedürfnisse in einer oder mehreren Sphären beeinträchtigt, um wirksam zu sein. Alleine Potenz des Einschlags ist entscheidend, seine Verteilung dagegen zweitrangig.

Ein fiktives Beispiel: Nehmen wir eine Dürre an, die zu einer globalen Missernte und in Folge zu einer katastrophalen Hungersnot führt. Nehmen wir weiter an, diese Krise betrifft nur das Grundbedürfnis „Nahrung" in der Sphäre „körperliche Integrität" eines bestimmten Individuums. Die sonstige Alltäglichkeit dieses Individuums verbleibt in sämtlichen anderen Bereichen komplett unangetastet. Es gibt keine Hungeraufstände, die Zivilgesellschaft kollabiert nicht, die Wirtschaft operiert normal weiter – nichts verändert sich für jenes bestimmte Individuum, außer das es eben hungert. Der Hunger allein aber genügt, um seine Alltäglichkeit vollends aus der Bahn zu werfen. Obwohl die Welt noch funktioniert, funktioniert besagte Person nicht mehr in ihr, weil ihr Überleben hungerbedingt in Frage steht.

Ein weiteres fiktives Beispiel: Nehmen wir eine globale Rezession an, deren Folgen zwar zahlreich aber für sich genommen von geringer Schlagkraft sind. Das Leben des Individuums mag sich im Kontext seiner einzelnen Integritätssphären nicht signifikant verändern, und doch genügen die vielen, kleinen Risse und Kratzer, um den Panzer der Alltäglichkeit allmählich doch zu schwächen und eine persönliche Krise zu verursachen: Die Sorge um den Arbeitsplatz, d.h. das monatliche Einkommen, kleine Preissteigerungen im Supermarkt, die zu Einschränkungen des privaten Konsums führen, der geplante Familienurlaub wird vorsorglich abgesagt, man geht am Sonntags nicht mehr essen usf. Keine dieser Dinge ist für sich genommen problematisch, der Gesamteindruck ist es dagegen durchaus. Die Rezession wird zum omnipräsenten (nicht omnipotenten) Schreckgespenst in praktisch jedem Gespräch. Und obwohl seine Wirkmacht äußerst gering ist, genügt doch gerade diese Omnipräsenz in Kombination mit der Ungreifbarkeit der Krise, um Verunsicherung und Angst zu erzeugen. Der Einschlag dieser Art von Krise ist nicht materieller Art. Nicht die sichtbare, physische Welt, sondern die unsichtbare, in der Psyche subsistente wird angegriffen. Obgleich sich äußerlich nichts oder nur wenig verändert, nimmt das von der Krise ergriffene Individuum seine Wirklichkeit anders wahr. Die Vorzeichen des drohenden Untergangs werden zur treibenden oder lähmenden Kraft der Alltäglichkeit. Die Welt des Einzelnen, seine inwendige Welt, geht *in ihm* unter, obgleich die äußere Welt unberührt und ungerührt fortdauert. Die *Echtheit* dieser Krise liegt allein in der Angst, die sie schürt. Abgesehen davon handelt es sich um eine falsche Krise, weil sie im Licht der Ratio betrachtet, das Leben des Individuums nicht anders als durch bloße Drohung antastet.

7 Korrekte und falsche Wahrnehmung

Dieser letzte Hinweis, von der Welt des Einzelnen, die in ihm untergeht, oder von der er glaubt, sie ginge ihm unter, bringt uns zu einem weiteren sehr wichtigen Punkt. Neben dem faktischen Bestand der Krise ist ihre Wahrnehmung durch den Einzelnen von signifikanter Relevanz. Es ist nämlich möglich und gar nicht unüblich, dass ein Mensch in einer Krise steckt, ohne ein Bewusstsein davon zu haben und umgekehrt, dass er meint, er wäre in einer Krise, dabei frei von allen *echten* Beschwerden ist. Ein lebenslänglich Gefangener mag sich nach Überwinden des Siedepunktes, d.i. der Punkt in dem die Krise in höchster Potenz wahrgenommen wird und dementsprechend ihre zerstörerische Dynamik in der Alltäglichkeit entfaltet, mit seinem Schicksal abfinden. Seine Freiheit ist nach wir vor eingeschränkt, doch das Erleben dieses Umstandes hat sich dahingehend verändert, dass er das krisenhafte daran nicht mehr wahrnimmt. Er hat sich an den *Schmerz* gewöhnt. Die Krise ist ihm zur Normalität geworden und bildet so einen neuen existentiellen Status quo. Die plötzliche Entlassung eben dieses Gefangenen nach einigen Jahrzehnten könnte in diesem Kontext eine neue Krise hervorrufen, würde sie doch seine bisherige Alltäglichkeit erneut in Frage stellen.

Auf der anderen Seite befindet sich eine Unzahl von Personen in massiven Krisen, die ihre Alltäglichkeit teils bis zur Unkenntlichkeit überformen und beeinträchtigen, ohne diese überhaupt als solche wahrzunehmen. Gewöhnung an den Ausnahmezustand, wie wir sie am Beispiel des Gefangenen gesehen haben, und/oder entsprechende Sozialisation und/oder schiere Leugnung der Tatsachen bilden nur einige Möglichkeiten für jenes bemerkenswerte Blind-sein für das Offensichtliche.

Wir können sie übergehen diese Ursachen, sind sie doch entweder vollkommen unausweichlich (bspw. Sozialisation, soziale Konditionierung, Werteprägung usf.) oder in unseren Breiten tatsächlich nur noch marginal wirksam (bspw. Aberglauben). Viel schwerer wiegen dagegen jene degenerativen

Verfallserscheinungen, die wir im Kulturkreis der modernen westlichen und aufgeklärten Zivilisation als Fortschritt zu interpretieren gelernt haben – unausweichliche Folge akademischer Sozialisation gemäß des vorherrschenden ideologischen Narratives, dessen intrinsisches Ziel paradoxerweise in der Vernichtung seiner Ursache, d.i. eben die aufgeklärte Gesellschaft, besteht. Ich will an dieser Stelle auf eine plumpe Kulturkritik verzichten. Wer seine Augen öffnet, sieht. Ein kleiner Hinweis nur mag exemplarisch für alles Weitere stehen: Wie kann es sein, dass in der westlichen Welt, wo sämtliche Grundbedürfnisse und darüber hinaus etliche erweiterte Bedürfnisse perfekt befriedigt werden, große Teile der Bevölkerung unter teils massiven psychischen Problemen leiden? Sollte nicht eitel Sonnenschein herrschen, wo der Mensch sich über die Mühsal des primitiven Überlebenskampfes hinweggesetzt hat? Welchen Grund zu leiden gibt es, wenn es keinen Grund mehr gibt, zu leiden? Tatsächlich scheint der Mensch nicht für das süße Leben gemacht zu sein. Wer sich an den Film „Die Matrix" erinnert, ist bereits mit dem Paradox vertraut: Die erste Matrix simulierte eine perfekte Welt, was zum massenhaften Verenden ihrer Bewohner führte. Der Mensch braucht den Kampf, um zu leben; er lebt, um zu kämpfen; der Kampf ist das Leben, das Leben ist Kampf. Dieser Kampf ist nicht per se destruktiv, wenn er auch beizeiten destruktive Züge anzunehmen pflegt. Vielmehr gründet er in der Notwendigkeit die chaotischen Landschaften einer feindlichen, dem Überleben widersetzlichen Natur eine geordnete Lebenssphäre zu erobern und umzugestalten. Der Mensch ist Schöpfer und Architekt seiner eigenen Welt. Wo diese Welt einen Grad der Vollkommenheit erreicht hat, die die menschliche Schaffenskraft obsolet macht, degeneriert er und in der Folge auch seine Lebenssphäre: Kultur und gesellschaftliche Ordnung zerfallen. Nicht die Dekadenz, die vollkommene Wirklichkeitsfremdheit und darin bedingt Lebensunfähigkeit der letzten Generationen zünden den Funken des Weltenbrandes. Hier handelt es sich nur um Symptome, um Konvulsionen eines bereits dem Tod geweihten Leibes. Vielmehr sind die hervorragenden Leistungen der Ahnen für den gegenwärtigen Niedergang, die Deszendenz, verantwortlich. Jene haben ihre Sache zu gut, zu gründlich gemacht, und nichts mehr für die Nachgeborenen zu tun übrig gelassen. Was tut ein Herkules, den ein übles Schicksal in eine Welt geboren sein lässt, in der alle Bestien bereits erlegt sind? Wie Schopenhauer in den Aphorismen treffend bemerkt, oszilliert das Dasein zwischen dem Schmerz des reinen Überlebenskampfes und der ebenso leidvollen Langeweile, wenn dieser gewonnen wurde.

Die Wirklichkeitsferne macht blind für die Krise, weil sie blind für die Bedürfnisse, die Erfordernisse und teils auch die natürlichen Beschränkungen der Alltäglichkeit macht. Auch hier zwei Krisenbeispiele zur Verdeutlichung – eines auf das Individuum abgestellt, dort mit jäher Kraft die Integrität *einer* Bedürfnissphäre angreifend, das andere von globalem Ausmaß, subtiler und milder in seiner Wirkung, dafür mehrere Sphären zugleich berührend.

8 Der Tod als ultimatives Moment der Krise

Mithin eine der schwersten, wenn nicht die schwerste Krise im Leben des Einzelnen ist seine Sterblichkeit. Die Richtung jeglicher Lebensäußerung geht auf den Tod hin. Heidegger nennt dieses Urmoment des Daseins fast poetisch Sein-zum-Tode.

Das Krisenhafte des Todes besteht in seiner Unausweichlichkeit und in seiner sonderbaren Unsichtbarkeit. Natürlich ist der Tod als biologisches Finitum nicht *unsichtbar*. Das Gegenteil ist der Fall: Unsere Haut erschlafft, unser Haar ergraut, unsere Kräfte nehmen ab. Wir leben neben Friedhöfen, auf denen die Körper unserer Verstorbenen ruhen und auf denen wir einmal selbst liegen werden. Man wird älter, der Nachbar wird älter – das ist nicht zu übersehen und doch wird es übersehen und das ist eben das sonderbare daran. Das Sein-zum-Tode ist die größte und schwerste aller Krisen.

Ihre Folgen sind unübersehbar und schrecklich, ihr Finale final. Doch gleichsam ist sie auch die unterirdischste alle Krisen. Denn an nichts denkt das Individuum seltener und mit größerem Abscheu als an die Möglichkeit, einmal nicht mehr da zu sein – ein (Nicht-) Zustand, der paradoxerweise so undenkbar wie unausweichlich ist.

Interessanterweise ist der Tod etwas, das den Einzelnen also im höchsten Maße tangieren sollte, weiß er sich doch gewiss in der Reihe derer, die ihm einmal zum Opfer fallen werden. Doch in ihrer Alltäglichkeit sind die Menschen blind dafür, obgleich doch gerade die Besorgungen der Alltäglichkeit nichts anderes bezwecken sollen, als den Zeitpunkt des Endes möglichst weit nach hinten zu verschieben, bzw. die Folgen des Eintritts für den Betroffenen und seine Mitmenschen abzufedern. **Die Alltäglichkeit ist der Modus des Lebens, der dem Tod flieht.** Dass der Einzelne so sehr von seinem alltäglichen Leben beansprucht wird, dass er also keinen Blick für dessen Ende hat, mag für eine Spezies, die sich ihrer Sterblichkeit bewusst ist, überaus sinnvoll sein. Diese Blindheit verhindert Melancholie, Verzweiflung und die obligatorische Sinnfrage und ihr folgend -krise. Sie verhindert das Zusammenbrechen der Alltäglichkeit, die die Bedingung der Erfüllung lebenswichtiger Bedürfnisse ist. Unter Todesblindheit verstehe ich freilich auch alle gedanklichen Konstruktionen, die das Leben über den Zeitpunkt seines Endes hinaus in ein jenseitiges hinein projizieren – die Blindheit betrifft nicht den Sachverhalt selbst, den Tod, sondern die Krise, die er verursachen würde, wäre er jäh und allzeit bewusst: Todesangst, Panik, Agonie, Lethargie usf.

In unserer zivilisierten und alle Bedürfnisse befriedigenden Welt zeitigt die an und für sich heilsame anthropologische Blindheit für das unvermeidliche Ende individueller Existenz jedoch überaus unglückliche, da schlicht kontraproduktive Folgen. Ich will mich an dieser Stelle nicht zu lange aufhalten, darum verdichte ich diesen Gedanken, über den ganze Bibliotheken geschrieben wurden und noch geschrieben werden müssen, auf seinen Kerngehalt: Während die Blindheit *für* den Tod *trotz* seines unausweichlichen Eintritts für das aus ihm entstehende und unsere Alltäglichkeit lähmende Gefühl der Sinnlosigkeit ein Heilmittel darstellt, welches erlaubt *trotzdem* zu über-leben, weiterzumachen usf., ist sie für eine Daseinsform, in der es faktisch keinen Überlebenskampf mehr gibt, ein überaus *tödliches* Gift. Die gleiche Blindheit, die uns trotz aller Anfechtung erlaubt, unser Leben zu fristen und zu seinem Erhalt zumeist stupide und repetitive Handlungen zu vollziehen, verführt uns auch in Abwesenheit seiner Anfechtung das Leben in gleicher Weise zu fristen, d.h. alltäglich im Modus einer besinnungslosen, fast animalischen Stupidität zu verharren. Den einen schmerzt der Überlebenskampf, den anderen die Langeweile. Um es auf den Punkt zu bringen: Wie verschwenden *geschenkte* Zeit. Vor gar nicht zu vielen Generationen musste ein Mensch noch den Großteil seiner Zeit und Energie aufwenden, um recht basale Grundbedürfnisse zu bedienen. Diese Zeit ist ihm heute geschenkt. Er hat sie zur *Verfügung*. Sie ist sein Eigentum. Doch anstatt sie *sinnvoll* zu nutzen (Carpe Diem!), etwa, um das Lebensgefühl zu steigern, um Neues zu schaffen und zu erfinden und sich über das stupide Dahinvegetieren hinaus zu erheben, vergeudet er sie – er schlägt sie tot, weil er weder den Drang spürt, noch dem Zwang unterliegt, sie zu nutzen. Das Gefühl der Leere und Langeweile, das dem Reichtum an Stunden wie ein Schatten folgt oder vorausgeht, ist ihm unerträglich. Der mit Zeit überreich Beschenkte glaubt und/oder fürchtet, sein Erbe reiche bis in alle Ewigkeit. Dabei übersieht er, dass seiner Lebenszeit die gleichen Grenzen gesetzt sind wie den Mitmenschen. Es ist also die gleiche Blindheit, das gleiche Nicht-Wahrnehmen, das ihn einmal vor dem Erleben und darin Erleiden der Krise (Krise 2. Klasse: Sinnlosigkeit, Todesangst usf.) schützt, während sie ihn ihr ein andermal in extremster Weise (Krise 2. Klasse: Langeweile) ausliefert.

Noch brisanter ist freilich die Übersetzung des gleichen Wahrnehmungszusammenhangs oder - defizits auf eine globale Ebene. Die persönliche Krise oder das

Persönliche an der Krise wird wahrgenommen oder eben nicht – die Möglichkeiten und Perspektiven sind hier immer auf die Möglichkeiten und Perspektiven des Individuums beschränkt. Auf ein gesellschaftliches Niveau gehoben, treten neben dem individuellen Aspekten noch soziale in der Vordergrund, die nicht nur einfach erlebt, sondern auch gemessen und empirisch beschrieben werden können. Betrachten wir nun also eine Krise, die als solche von der betroffenen Gesellschaft nicht wahrgenommen wird, obgleich sie ihre Alltäglichkeit radikal überformt. Wiederrum verzichte ich an dieser Stelle auf eine Kultur-oder Gesellschaftskritik, sondern begnüge mich mit einer groben Beschreibung eines an sich indifferenten Zusammenhangs. Es geht wiederum um den massiven Geburtenrückgang in hochentwickelten westlichen Gesellschaften.

Das leise Sterben der westlichen Welt

Wenn überhaupt, so sucht man nach den Gründen für diesen erstaunlichen Rückgang an Fertilität in den Feldern der Wirtschaft und Medizin. Wir bleiben an dieser Stelle bei der wirtschaftlichen Perspektive stehen, wollen wir doch den übrigen märchenhaften Antworten auf die Frage nach dem Aussterben der Bevölkerung, die auf anderen, sehr bunten Feldern blühen, keinen allzu großen Platz in diesem Büchlein einräumen: Die wirtschaftlichen Erfordernisse der modernen Gesellschaft, so lautet das paradoxe Narrativ, behindere die Familienbildung. Das Eingespannt-sein beider Elternteile in den Wertschöpfungsprozess, hoher Leistungsdruck, Stress, Überstunden, hohe finanzielle Belastungen – Eigenheimfinanzierung, Versicherungen, Konsum etc. – bedingen letztlich die Entscheidung vieler Paare, entweder ganz auf Kinder zu verzichten oder nur eines, höchstens zwei zu haben, die man dann so früh wie möglich in staatliche Obhut abschiebt, um seine ganze Leistungsfähigkeit wieder dem Job, dem Geschäft etc. widmen zu können. So wahr und echt nun im Einzelfall der wirtschaftliche oder moralische Druck auch empfunden wird, sind doch die wahren und echten Folgen, die diese Chimäre hervorbringt, in einer Gesamtschau betrachtet, geradezu paradox.

Das Resultat wirtschaftlicher Tätigkeit einer Bevölkerung ist die Zunahme des gesellschaftlichen Reichtums. Was wir an wirtschaftlichen Problemen haben und diskutieren sind in der Hauptsache Verteilungsfragen. Dass westliche Gesellschaften enorm wohlhabend sind und dass dieser Wohlstand bis in die untersten Schichten wirkt, kann nicht bestritten werden. Das Maß, das hier anzulegen ist, ist wiederum das der individuellen Grundbedürfnisse und der Möglichkeit ihrer Befriedigung im Kontext der Alltäglichkeit. Einfacher ausgedrückt: In Deutschland muss niemand hungern, niemand frieren, niemand nackt umhergehen oder um sein Leben fürchten. Selbst eine hervorragende medizinische Grundversorgung – der Arzt und die Arznei waren und sind in vielen Teilen der Welt noch immer Privilegien der Reichen – ist gewährleistet. Darüber hinaus bietet die Gesellschaft selbst jenen ihrer Mitgliedern Teilhabe am kulturellen Leben, die unproduktiv sind. Man müsste doch nun annehmen, dass sich die Menschen in einem solchen Schlaraffenland stark vermehren. Im Tierreich vermehren sich Populationen ja auch immer dann, wenn die Bedingungen für die Aufzucht des Nachwuchs günstig sind, wenn also die essentiellen Lebensbedürfnisse <u>sicher</u> und <u>dauerhaft</u> befriedigt werden können.

Der Rückgang der Fertilität kann also nicht mit den Lebensumständen erklärt werden. Nie lebten Menschen in so großer Zahl sicher, gesund und wohl behütet. Nie war die Alltäglichkeit normierter, simpler... unauffälliger, unaufdringlicher. Die Krise, die den Fortbestand unserer westlichen Welt bedroht, d.h. in die Grundkonstitution unserer Alltäglichkeit eingreift – Fortpflanzung ist das Ziel der 2. Bedürfnisklasse, die Befriedigung der 1. vorausgesetzt –, versteckt sich zweifellos in plain sight. Wir alle sind davon betroffen und gleichsam blind für die Ursache. Das Gift zum Tode ist eine Mixtur aus psychosozialer und moralischer Erosion. Dekadenz, Degeneration, Depravation – wir sprachen bereits davon. Weil das Leben zu leicht geworden ist, nehmen wir es zu leicht. Der Mensch neigt zu Sparsamkeit und Faulheit. Der Lebenskampf ist erschöpfend, darum entziehen wir ihm uns, sobald sich die Möglichkeit dazu bietet. Die menschliche – und auch tierische – Faulheit ist nichts anderes als der Hang zur Rationalisierung begrenzter Kräfte. Wir verschwenden uns nicht, wir erhalten uns so lange und so gut es eben geht: Faulheit ist die Ökonomie der Alltäglichkeit in einer lebensfeindlichen Umwelt, die unsere Kräfte und Ressourcen über Gebühr beansprucht. Was aber, wenn unsere Umwelt plötzlich nicht mehr lebensfeindlich ist? Was, wenn wir ihr die Dinge, die zu unserem Leben nötig sind, nicht mehr mühevoll abtrotzen müssen? Hier klafft in Abgrund zwischen biologischer Determination und faktischer Lebenswirklichkeit. Die Trägheit, die ursprünglich Kräfte sparen sollte, wird zum Alltagsprinzip und darin zur Triebfeder des Untergangs. Ein Körper, der übermäßig benutzt wird, verschleißt vor der Zeit; einer, der überhaupt nicht mehr genutzt wird, auch. Ein Mensch, der nicht weiß, ob er morgen ausreichend Nahrung sich wird beschaffen können, tut gut daran, in den Zeiten der Fülle füllig zu werden: Er frisst über den Hunger und lässt seinen Körper Energie in Form von Fett einspeichern. Dieses im Normalzustand sinnvolle Verhalten ist in einer Welt der Überfülle kontraproduktiv. Fettleibigkeit und die Folgen falscher, übermäßiger Ernährung sind Geißeln und gleichsam Indikatoren für die Entartung einer hochentwickelten Zivilisation. Der gleiche Mechanismus wirkt zweifellos auch auf oder genauer: gegen die Fertilität. Es geht uns zu gut. Das Wohl-Leben entpuppt sich als Halb-Leben. Trotz oder gerade wegen der Überbedienung sämtlicher Grundbedürfnisse breiten sich Leere und Langeweile aus. Warum überhaupt noch leben, wenn das Leben keine echten Anforderungen mehr stellt? Man baut geistig ab, bevor man ausgebaut hat. Zum Lebenssinn wird, Zeit totzuschlagen. Der Schöpfungswille erlahmt, bevor er je zur Blüte kommt. Endlich sind wir uns selbst in aller Sorglosigkeit und Überfülle zu viel. Einer der verstörendsten und furchterregendsten Filme der letzten Jahre ist das Liebesdrama Her. Wer starke Nerven hat, wage einen Blick hinein. Nicht wegen der eigentlichen Handlung, nicht wegen dem diskutierten Umgang des Menschen mit künstlicher Intelligenz usf., sondern wegen der Darstellung der Welt, in der dieses Drama spielt: Es handelt sich um eine perfekte, artifizielle Welt, in der nur noch unglückliche Versager leben, die an ihrem vollkommen sorgen- und darin sinnfreien Leben verzweifeln. Uns wird unverhohlen eine sterile Hölle vor Augen geführt, die das Grauen anderer Dystopien wie etwa der orwellsche Superstaat in 1984 oder die hedonistischen Unterwelt der Brave New World in den Schatten stellt!

Eine weitere Analogie zur Verdeutlichung des vorgestellten Zusammenhangs: Die Prüfung (Krisis) zeichnet den stereotypischen Helden gegenüber der Normalperson aus. Sie ist das ihn Konstituierende. Das Leben des Helden wird aber nicht nur durch die Prüfung konstituiert, sondern die Prüfung ist seine Alltäglichkeit. Außerhalb der Prüfung und des Kampfes ist der Held bestenfalls durch eine Potentialität von der Normalperson zu unterscheiden. Das Leben des Helden ist das Leben zur höchsten Intensität gesteigert: Es ist echt, bedeutend und bewusst, weil es bedroht, d.h. in Frage gestellt ist. Hier schließt sich der Kreis. Der Held realisiert die Krise, stellt sich ihr und überwindet sie bzw. wird von ihr vernichtet. Dieser Dreischritt des Wahrnehmens, Akzeptierens und Widersprechens fundiert seine Alltäglichkeit, begründet seine Existenz. Das alltägliche Dasein des Helden ist ein Leben in der Krise, d.h. aber auch ein Leben, dessen stets bewusste Bedrohung es strukturiert, ihm einen Sinn verleiht.

Die stereotypische Normalperson zeichnet sich dagegen vor der Krise dadurch aus, dass ihr die Wahrnehmung derselben abgeht, obgleich sie nichtsdestotrotz gegen ihre Alltäglichkeit wirkt. Weil die Bedrohung des Lebens nicht mehr unmittelbar wie beim Helden – vorgestellt durch das Ungeheuer oder die ungeheuerliche Aufgabe – von statten geht, wo sie das feine Sensorium der Bedürfnisse allzu grob anrührt, sondern mittelbar – gesellschaftlich vermittelt – sich ereignet, wird sie auf der instinktiv-archaischen Ebene nicht mehr wahrgenommen. Diese Personen gleichen jenen Tieren auf entlegenen Inseln, die nie zuvor einem Jäger begegnet sind und dementsprechend nie gelernt haben, sich vor ihm in Acht zu nehmen.

So registriert man, um wieder auf das Beispiel der sinkenden Geburtenraten zurückzukommen und es abzuschließen, erstaunt und kopfschüttelnd das Schwinden der Zahl und beobachtet gleichfalls ungläubig staunend den langsamen Verfall der Gesellschaft, ihr Aussterben, ohne je die zugrunde liegende Krise wahrgenommen zu haben. Die lebensrettende Alltäglichkeit verkommt zum todbringenden Habitus, vergleichbar mit der Sucht nach betäubenden Medikamenten: Alles, was das Fühlen, das Erleben der Wirklichkeit verhindert und vernebelt, wird angestrebt. Die Lüge dagegen erklärt man zum Normalzustand (zur Wirklichkeit des sozialen Raums). Der langsam voranschreitende Prozess der Mortifikation wird zur alternativlosen, unangenehmen und daher vom Mantel des Schweigens verhüllten Gegebenheit: das ist das Sein-zum-Tode der Gesellschaft.

9 Die Krise als regenerativer Mechanismus

An dieser Stelle nochmal der Hinweis, dass die Krise, wie wir sie in diesem Büchlein betrachten, keineswegs etwas notwendig Schlechtes ist. Vielmehr ist das Gegenteil zutreffend. Jede Krise, gleich welcher Art und Gestalt sie auch sei, hat, wenn sie überstanden wird, einen durchaus positiven Effekt auf den Bereich, den sie berührt. Ein zutreffender Vergleich wäre die Immunität in Folge einer überwundenen Masernerkrankung oder das Wachstum eines Muskel durch kurzzeitige Überbeanspruchung. Innerhalb eines sozialen Raums führt die Krise zur Anpassung der gelebten Alltäglichkeit an die sich verändernden inneren oder äußeren Bedingungen wie Umwelt oder Demographie. Dieser Anpassungsprozess hat einen vornehmlich regenerativen Effekt. Die Stabilität und Effizienz des sozialen Raums im Ganzen, d.h. seine Bevölkerung, seine gedanklichen Fundamente (Werte), seine Institutionen, seine Hierarchien wird langfristig durch das erfolgreiche Verwinden echter Krise gesteigert. Die Krise hilft ihm sich selbst in seinem Grundbestand zu reproduzieren.

Anders sieht es freilich aus, wenn die Krise nicht vollständig verwunden wird, wenn Narben bleiben, und eine generelle Schwächung zu verbuchen ist. Wieder ist der Vergleich mit einer Krankheit – diesmal mit einer schlecht überwundenen – hilfreich, die den Patienten zwar nicht umgebracht hat, wohl aber ihn nachhaltig schwächte.

10 Verhältnis von Krise und Mensch

Brechen wir unsere Erkenntnisse auf die zentralen Stichworte und Ergebnisse herunter, stellt sich die Krise in ihrem vielfältigen Verhältnis zum Menschen in erster Linie als Anfechtung von dessen Alltäglichkeit dar. Konkret lassen sich drei Binsenweisheiten aus dieser Feststellung ableiten – ich notiere sie, weil sie für die anderen Teile dieses Büchleins das theoretische Fundament abgeben:

1. Das (Über-) Leben ist der oberste Wert, der durch die Alltäglichkeit, d.i. die konkrete Lebenspraxis des Individuums innerhalb eines sozialen Gefüges oder jenseits davon, ex- oder implizit angestrebt wird. Wir teilen die Grundbedürfnisse des Lebens in drei Klassen. Die Bedürfnisse der 1. Klasse haben das individuelle Überleben zum Ziel. Diese Klasse bildet das Fundament für die beiden weiteren Bedürfnisklassen. Die 2. Klasse verfestigt und verfeinert das reine Leben so, dass dessen Weitergabe in Gestalt von Nachkommen möglich wird. Die 3. Klasse zielt darauf ab, einen sozialen Raum auszubilden, in dem die Bedürfnisse der ersten beiden Klassen routiniert und arbeitsteilig im Rahmen der gesellschaftlichen Alltäglichkeit erfüllt werden können.

Erklärung:
Es gibt keinen höheren Wert als das Leben, dessen

Erhalt und Weitergabe. Schon den ersten Menschen wird eingeschärft: „Seid fruchtbar und mehrt euch und füllt die Erde." (Gen 1,28) Es ist dies das erste Wort Gottes an den Menschen, gleichsam sein erster Segen und sein erstes Gebot. Der Mensch ist wie jedes andere Lebewesen so konstruiert, dass er den Wert des Lebens realisieren kann – körperliches, geistiges Vermögen – und will – psychische Disposition. Das Leben aber ist unentwegt bedroht. Es wird von der widerspenstigen natürlichen Umwelt angefochten, der es mühsam abtrotzen muss, wessen es bedarf. Es ist zudem immer Sein-zum-Tode. So gesehen ist es *bedürftig*. Es erhält sich nicht von selbst. Es muss in Bewegung – dynamisch – bleiben. Sein Vollzug alleine bedingt seinen Erhalt. Der Vollzug des menschlichen Lebens geschieht im Modus seiner Alltäglichkeit. Die Alltäglichkeit ist der Modus des Daseins, in welchem dessen Grundbedürfnisse erfüllt werden. Dadurch wird das Leben in einem ersten Schritt *erhalten* und in einem zweiten *vermehrt*.

Nahrung, Schutz vor Witterung und feindseligen Natureinflüssen usf. sind Bedürfnisse der 1. Kategorie. Sie dienen dem Erhalt des Einzellebens als Bedingung der Möglichkeit für...

...Zeugung und Aufzucht von Nachkommen. Diese 2. Klasse der Grundbedürfnisse dient dem Erhalt der Art und der Vermehrung des Lebens. Sie ist die Bedingung der Möglichkeit für...

...die Entwicklung einer höheren Lebensart, d.h. Zivilisation, Kultur, Ästhetik etc. als dritte Bedürfnisklasse. Diese Klasse wird angestrebt, weil sie das Leben angenehm und *wertig* macht und seinen Erhalt (Bedürfnisse der 1. und 2. Klasse) *erleichtert*. Sie ist jedoch für die Verwirklichung des Lebens (Erhalt, Mehrung) nicht obligatorisch. Darum stirbt die Menschheit auch nicht aus, wenn eine ihrer Zivilisationen, Kulturen oder kulturellen Erzeugnisse in den Stürmen der Zeit verloren geht. Sie wird für eine Zeit ein wenig ärmer, ihr Kurswert sinkt, das ist aber auch schon alles.

2. Die echte Krise bedroht diese Alltäglichkeit. Je nach bedrohter Bedürfnissphäre unterscheidet man verschiedene Klassen von Krisen. Die echte Krise bedroht die Alltäglichkeit und dadurch die Erfüllung der Grundbedürfnisse, die für den Erhalt und die Mehrung des Lebens notwendig sind. In Entsprechung mit den Klassen der Bedürfnisse kann man Krisen also in drei Gruppen kategorisieren:

A. Krisen 1. Kategorie, die den <u>unmittelbaren Erhalt des Lebens des Einzelnen</u> bedrohen wie Hunger, punktuelle Naturkatastrophen (Erdbeben, Tsunami etc.), Krieg, Epidemien (Spanische Grippe, Pest etc.) usf.

B. Krisen 2. Kategorie, die die <u>Vermehrung</u>, d.h. den grundlegenden Vollzug und darin die <u>Weitergabe des Lebens</u> beeinträchtigen, wie etwa permanent lebensfeindliche Umweltbedingungen (durch Umweltverschmutzung, -zerstörung), mangelhafte Ernährung, mangelhafte Wasserqualität, Gefangenschaft, psychosozialer Stress, gefühlte Unsicherheit, Lärm etc. – alles also, was das unmittelbare Leben zwar nicht direkt bedroht, aber doch seinen Vollzug derart beeinträchtigt, dass eine Weitergabe des Lebens unter diesen Umständen nur spärlich wenn überhaupt stattfindet.

C. Krisen 3. Kategorie, die das <u>soziale Gefüge</u> selbst in einer die darin gelebte Alltäglichkeit <u>zunächst</u> verändernden Weise beeinträchtigen wie wirtschaftliche Krisen, kulturelle Erosion, Veränderung des Lebensraums, Werteverfall, politisch-systemische Umwälzung, allgemeine Sinnkrisen, ethische Paradigmenwechsel, technologische Neuerungen usf.

Vor allem Krisen 3. Klasse sind keine homogenen Phänomene. Sie erwachsen aus einem Bündel vielfältig verzweigter und situativ abhängiger Ursachen, haben komplexe Abläufe und gleichfalls vielfältige und situativ abhängige Folgen. Um eine Krise angemessen bestimmen zu können, ist die je eingenommene Perspektive entscheidend. Diese Perspektive sollte stets die individuelle sein. Das heißt...

3. ...das Wahrnehmen einer echter Krise ist nur auf Basis einer instinktiv-individuellen Alltäglichkeit zu vollziehen, d.h. in einer Lebenspraxis, die ihre Grundbedürfnisse als bewusst zu verwirklichende Aufgabe verstanden hat und sich daher nicht von unechten Bedürfnisse (und darin Krisen) in die Irre führen lässt.

Dieser dritte Aspekt der Krise ist entscheidend für ihre Überwindung: **Nur wer eine Krise auch als solche (echte, faktische) erkennt, kann sich ihr aktiv entziehen oder entgegenstellen, kann ihre Wirkung auf seine Alltäglichkeit aufheben oder zumindest abmildern, kann sich im Extremfall an neue Gegebenheiten schnellst- und bestmöglich anpassen.**
Die Krise wird nur durch ihre Wirkungen offenbar. Eine echte Krise, die zu handeln zwingt, wird durch ihre Wirkung auf die Alltäglichkeit entlarvt. Dieses Detail ist im Blick zu behalten. Es ist für alles Weitere essentiell. Effiziente Krisenvorbereitung und – bewältigung funktioniert nur, wenn die verfügbaren Ressourcen in effizienter Weise und frühzeitig eingesetzt werden. Es ist sowohl auf individueller wie auch auf gesellschaftlicher Ebene gang und gäbe gewaltige Anstrengungen zu unternehmen, die entweder wirkungslos verpuffen oder den Eintritt der Krise lediglich verschieben oder die Wirkungen der Krise, die man zu überwinden sucht, sogar noch verschärfen – man denke nur an die sog. „Blasen" im Finanzsektor, die man vergeblich in noch größeren Blasen einzuschließen sucht. Als anderes Beispiel kann die Subvention des landwirtschaftlichen Sektors genannt werden: Aufgrund von Überproduktion durch hocheffiziente Anbaumethoden sinken die Preise, was die Existenz von kleinen und mittleren Betrieben bedroht. Die politischen Institutionen subventionieren diese unwirtschaftlichen Betriebe, indem sie den durch den Preisverfall erzeugten finanziellen Druck durch Zahlungen kompensieren. Diese Zahlungen führen aber nun nicht dazu, die Produktion marktgerecht zu senken oder zu diversifizieren, sondern sie bewirken das

Gegenteil: Durch den staatlich zugesicherten Profit unabhängig der am Markt zu erzielenden Preise lohnt sich die Produktion noch immer, wenn auch in immer geringerem Maß, was eine Steigerung der Produktion nach sich zieht. Bei den Ernährungsprogrammen für die Dritte Welt wirkt der gleiche Mechanismus umgekehrt. Durch Nahrungslieferungen wird dem lokalen Agrarsektor die wirtschaftliche Grundlage entzogen. Die Produktion sinkt, die Nahrungsmittelknappheit steigt und in Folge müssen die Hilfslieferungen weiter erhöht werden. Eine Krise gebiert eine andere, wenn ihr nicht richtig, d.h. ursächlich begegnet wird.

11 Frühzeitige Wahrnehmung echter Krisen 3. Klasse

11.1 Stadien einer Krise 3. Klasse und Reaktionen des sozialen Umfeldes darauf – Das gefährliche Leben des Propheten

Je früher man eine Krankheit erkennt, desto leichter und erfolgversprechender wird sich ihre Behandlung gestalten. Gleiches gilt für die Krise. Tatsächlich haben die Verläufe von Krankheit und Krise sehr viel gemeinsam. Spätestens, wenn das Menetekel an der Wand glüht, müssen wir uns rühren.

Um einer Krise rechtzeitig und angemessen erkennen zu können, muss man um ihre Entstehungsstadien und die in diesen Stadien sichtbaren Wirkungen wissen. Wir dürfen an dieser Stelle nicht vergessen, dass eine echte Krise nur anhand ihrer Wirkungen auf die Alltäglichkeit z.B. des sozialen Raums sichtbar wird. Darum betrachten wir die Krisenstadien auch auf genau diesem Hintergrund. Zusätzlich müssen die Reaktionen auf das Bewusstwerden der Krise in einem sozialen Raum besprochen werden. Die jeweilige soziale Alltäglichkeit ist die Lebenssphäre des sozialen Raums, die unter allen Umständen geschützt werden muss, ist sie doch die Bedingung der Möglichkeit die Grundbedürfnisse der

Bewohner effizient zu bedienen. Bereits der Hinweis auf Werden/ Vorhandenseins einer Krise wird vom sozialen Raum paradoxerweise als Angriff auf seine Alltäglichkeit gewertet, während er die *echte* Krise ignoriert. Wie sich ein Individuum von der substanzlosen Angst einer *falschen* Krise narren lässt so auch der soziale Raum. Anders ausgedrückt wird die Warnung/Drohung vor/von einer Krise vom sozialen Raum genau so wahrgenommen wie eine falsche Krise von einem Individuum. Die echte Krise dagegen wird übersehen, ist ihr Einschlag doch ohnehin unvermeidlich, ja notwendig, um lebensfeindlich gewordene (depravierte, dekadente) Strukturen der Alltäglichkeit zu vernichten – wir sprachen weiter oben vom regenerativen Effekt der Krise.

Das Verhalten des Einzelnen, der die Krise wahrgenommen hat, gegenüber des sozialen Raums wird später, wenn wir über die individuellen Verhaltensweisen sprechen, noch vertieft werden. Ein Wort vorab: Sobald der Einzelne sich in der Krise *weiß*, fällt er gewissermaßen aus der sozialen Alltäglichkeit heraus und wird gezwungen *seine* Alltäglichkeit auf andere, neue und hoffentlich haltbarerer Fundamente zu gründen. Neben der mittelbaren Bedrohung durch die Krise selbst muss er sich vor unmittelbaren Repressalien der Gesellschaft in Acht nehmen, die sein Verhalten als feindselig interpretieren kann.

Gehen wir nun die einzelnen Erkenntnisstadien der Krise durch:

Erstes Stadium: Unwohlsein – Leugnung

Am Anfang der Krise steht ein sehr subtiles Gefühl, das ich hilfsweise, da es mir an einem passenden Ausdruck fehlt, als Unwohlsein bezeichne. Tatsächlich hat es mit dieser Empfindung aber weit mehr auf sich. Ich will versuchen, sie zu beschreiben.

Vielleicht haben Sie den Film *The Stepford Wives* mit Nicole Kidman aus dem Jahr 2004 gesehen. An sich eine belanglose Komödie enthält der Film doch Hinweise auf jenes sonderbare Gefühl der *Befremdung*, das der Krise wie ein Schatten oder ein Geruch vorangeht. Die Protagonistin Joanne zieht nach dem Verlust ihres Jobs beim Fernsehen nach Stepford, ein idyllisches Dorf und das genaue Gegenteil der chaotischen Großstadt, aus der sie kommt. In Stepford ist alles und jeder perfekt...zu perfekt. Man fühlt sich geradezu ins Werbe-Amerika der 50er Jahre zurückversetzt. Joanne, am Anfang noch geblendet von der faszinierenden Idylle und redlich bemüht, ihr zu entsprechen, sich ihr anzugleichen, wittert nach einiger Zeit, dass etwas in diesem gutbürgerlichen Paradies nicht stimmt. Etwas ist faul im Staate Dänemark.

Dieses *Fühlen*, irgendetwas stimme nicht, ist weder eine rationale Bestimmung, noch stützt es sich auf empirische Daten. Wir haben es vielmehr mit einer *instinktiven Wahrnehmung* zu tun, einer *Ahnung*.

In unserer auf die Ratio ein- und abgestellten Welt hat der Instinkt seine Rolle als Frühwarnsystem verloren. Als *Sapiens* haben wir uns von diesem animalischen *Gespür* gelöst. Tatsächlich ist unser gesamtes Sensorium zugunsten der rechnenden Vernunft abgestumpft. Diese Instinktreduzierung ist die primäre anthropologische Bedingung des Aufstiegs menschlicher Geistigkeit und darin Bildung von zivilen Gesellschaften. Dies hat Gehlen in seiner Anthropologie *Der Mensch* brillant ausgearbeitet.

Obgleich unser Instinkt abgestumpft, verroht ist, ist er nicht vollständig ausgeschaltet. Wäre dies der Fall, wäre die Menschheit kaum lebensfähig, was gleich noch ausgeführt werden wird. Unser Instinkt arbeitet nach wie vor, wie auch unsere basalen Reflexe nach wie vor funktionieren. Wir haben lediglich verlernt, auf unser Bauchgefühl zu hören, bzw. man hat uns beigebracht, allein den Regeln der Logik zu folgen. In der artifiziellen Umwelt (Siedlung, Stadt), die der Mensch nach eben diesen Regeln gebaut hat, ist der exklusive Rekurs auf die Ratio durchaus sinnvoll. Selbstbeherrschung (Triebreduzierung) und Instinktbeschränktheit sind essentiell für Überleben in dieser artifiziellen Umwelt. Im Falle einer Krise aber, die eben diese vernünftige Ordnung außer Kraft zu setzen in der Lage ist, kann das starre Festhalten an vertraute Verhaltensmuster fatale Folgen zeitigen.

Ein schönes und zugleich schreckliches Beispiel für die fehlgeleitete Ratio bietet sich mit dem Untergang der Titanic, genauer: dem Verhalten der Passagiere und Besatzung im Angesicht der drohenden Katastrophe (Krise 1. Klasse). Das Schiff ist nach dem Zusammenstoß mit einem Eisberg irreparabel beschädigt und wird sinken. Der Kapitän ordnet die Evakuierung an. Er fürchtet eine ausbrechende Panik, die das Verlassen des Schiffs zusätzlich erschweren würde. Panik ist ein Zustand, in welchem die Regeln des sozialen Raums außer Kraft gesetzt sind. Der Kapitän veranlasst daher die Besatzung, den Passagieren die Evakuierung als Manöver zu kommunizieren. Die Kapelle spielt dem Untergang indes ein Ständchen.

In dieser Lage treten nun zwei sich widersprechende Wahrnehmungen auf. Die Ratio veranlasst Besatzung und Passagiere innerhalb jener Verhaltensmuster zu agieren, die sich im *Normalfall* als angemessen bewährt haben. Man wendet die selben Regeln und Interpretationsmuster an, die man vor der Krise angewendet haben würde. Die Folgen sind, dass Passagiere sich weigern Schwimmwesten anzulegen und die Rettungsboote zu bemannen. Warum sollte man sich auch bei einer Übung der Lächerlichkeit preisgeben, indem man eine Rettungsweste anlegt, die die Abendgarderobe ruinieren würde? Und warum sich der Gefahr aussetzen, in tiefster Nacht auf einem Rettungsboot auf den Atlantik hinauszurudern? Das Schiff, obgleich vom Untergang bedroht, scheint dem rechnenden Verstand ein geeigneterer, da bekannter, gewohnter *alltäglicher* Ort. Auf der anderen Seite sinkt die vertraute Welt augenfällig. Spätestens nach einer Weile, wird dieses Faktum nicht mehr bestritten worden sein. Einige Passagiere beginnen nun zu reagieren – zögerlich zunächst. Sie versuchen sich *gegen* ihre vernünftige Einschätzung der Situation in Sicherheit zu bringen, während andere Passagiere *entgegen* ihres Bauchgefühls an Bord der Titanic ausharren. Die gleiche Situation wird verschieden *gedeutet* und führt zu grundverschiedenem Verhalten. **Diejenigen, die frühzeitig auf ihren Instinkt hörten, hatten bedeutend höhere Chancen gerettet zu werden, bzw. sich zu retten.** Diejenigen aber, die die Krise leugneten, sie nicht wahrhaben wollten, weil sie der Vernunft, dem Alltäglichen, dem Gewohnten widersprach, diejenigen also, deren Verstand das faktische Ereignis umzudeuten sich mühte, anstatt auf Rettung zu sinnen – sie entkamen den Folgen der Krise nicht.

Es bedarf Mut und Selbstvertrauen, um auf das Bauchgefühl zu hören, bzw. es in einem ersten Schritt überhaupt wieder als valide Quelle der Wahrnehmung zu akzeptieren. Wir haben gelernt, unseren Instinkten zu misstrauen. Dabei können diese im Gegensatz zur Vernunft nie irren. Das bedeutet freilich nicht, dass der Instinkt immer zutreffende Erkenntnisse produzieren würde – dem ist nicht so. Er kann sich jedoch nicht in Bezug auf sich selbst täuschen, d.h. er kann sich nicht über das eigene Vorhandensein hinwegtäuschen, d.h. sich selbst verleugnen. Der Instinkt ist sich kadavertreu. Der Schrei des Hahns erschüttert ihn nicht. Ob die *gefühlte* Krise wirklich eintritt oder ob der Instinkt schlicht überreagierte, ist eine andere Sache. Dass der Instinkt aber von Zeit zu Zeit Alarm schlägt, daran besteht kein Zweifel.

Vernünftig ist, dieses Bauchgefühl zu respektieren und seine Warnungen ernst zu nehmen. Die Vernunft tritt im idealen Fall als zusätzliches Werkzeug der Interpretation hinzu, um dieses *Ahnen* des Instinkts zu verifizieren, den Verdacht zu erhärten, Beweise zu finden oder die ganze Sache zu entkräften und darin gleichsam die Empfindung zu beschwichtigen.

Der Ausdruck, die Vernunft sei wie ein scharfes Messer, ist durchaus doppelsinnig. Man kann sich leicht selbst an der Klinge der Logik schneiden und dabei schwer verletzen. Die Vernunft vermag nämlich im Gegensatz zum Instinkt in Bezug auf ihre eigene Leistungsfähigkeit zu irren. Sie „vermag" bedeutet, sie kann zufällig, schuldlos oder bewusst und sogar willkürlich irren – Letzteres etwa, um unangenehme Wahrheiten zu suspendieren. Die Vernunft lehnt grundsätzlich ab, was ihrer immanenten Logik-Struktur (Satz vom Grunde, Ursache-Wirkung etc.) widerspricht. Es darf nicht sein, was nicht sein kann, und es kann nicht sein, was dieser Weltsicht widerspricht: Die Titanic wird nicht sinken, darf nicht sinken, kann nicht sinken, weil das Schiff „unsinkbar" ist, das ist common sense, das entspricht der Erfahrung, der Tradition, das haben die klügsten Köpfe tausendfach bestätigt und darum muss es eben so sein. Der Schrei des Hahns erschüttert die Vernunft indes. Das Paradox, wo es unleugbar auftritt, treibt sie in die Verzweiflung. Jedes Geheimnis macht sie rasend. Im Angesicht der Katastrophe neigt sie, wo sie ein Kind des sozialen Raums ist, dazu, die Umstände und Tragweite der Ereignisse glatt zu verleugnen oder sie ihren Dogmen entsprechend umzudeuten. Sie sucht und findet Erklärungen wie sie in den Wolken jene Figuren erkennt, die sie dort zu erkennen wünscht.

Das Irren der Vernunft in Kombination mit einer innere Schwäche, jener tiefsitzenden Angst vor der die Alltäglichkeit verändernden Krise, bilden die Pole, in deren Spannungsfeld die systematische Verleugnung der Krise stattfindet. Denn die Wahrheit schmerzt und der erste Reflex ist es, diesem Schmerz auszuweichen, was in unserem Fall bedeutet, die Wahrnehmung zu leugnen. „Du siehst ja Gespenster" lautet der umgangssprachliche Tadel, der in sich die Momente des Entdeckens und Verneinens fasst. „Nichts wird so heiß gegessen, wie es gekocht wird" ist das selbe in abgeschwächter Gestalt.

Dieses Gespenster-sehen ist seinerseits doppelsinnig. Der Instinkt sieht Gespenster, ahnt und fürchtet sie. Es ist etwas Vages in dieser Wahrnehmung, die zum größten Teil über die sinnliche Empfindung, ja über den Körper selbst vermittelt wird. Unwohlsein, Nervosität, das Gefühl der Unheimlichkeit, der Befremdung. Man reibt sich die Arme, man starrt in die dunkle Ecke des Zimmers. Wenn ein Geist einen Menschen berührt, bekommt dieser Gänsehaut, heißt es. Weil an der Gänsehaut selbst nichts zu leugnen ist, verlegt sich die Vernunft darauf, auf die Ursache des Phänomens hinzuweisen: Die Gänsehaut ist eine körperliche Reaktion auf einen kühlen Hauch, der zu einem Frösteln führt. Der Instinkt ahnt dagegen eine nahende Gefahr.

Zweites Stadium: Deutliche Symptome/Verfallserscheinungen – aggressive Leugnung, kontrollierte Sanktionierung

Das zweite Stadium ist weitaus transparenter und deutlicher zu bestimmen. Während uns bisher nur eine instinktive Ahnung zu Verfügung stand, die bestenfalls von punktuellen und sehr individuellen und subjektiven Eindrücken gestützt wurde, finden wir hier bereits konkrete und deutliche Anzeichen der Krise. Ihr Schatten fällt weit und düster auf die Alltäglichkeit und macht sich in ihr bemerkbar. Wenn wir die Analogie zur Krankheit nochmals bemühen wollen, so spürten wir zuerst nur, dass etwas „im Anmarsch ist", nun aber sehen und leiden wir unverkennbare Anfangssymptome.

Unsere Alltäglichkeit wird beeinflusst, ohne jedoch in größerem Maß beeinträchtigt zu werden. Es sind „Kleinigkeiten", die nun gehäuft auftreten und die, wenn die Krise/Krankheit einmal chronisch wird, durchaus Eingang und Akzeptanz innerhalb einer sich neu konstituierenden, den veränderten Umständen angepassten Alltäglichkeit finden können. Man gewöhnt sich an den Ausnahmezustand, wenn er nur lange genug währt, man stumpft ab. Aber davon soll hier nicht gehandelt werden.

Sehen wir uns die Symptomatik der Krise im Anfangsstadium auf der Basis der betroffenen Alltäglichkeit genauer an – einige Beispiele und Eindrücke sollten genügen, um das Gesamtbild ausreichend vorzustellen; die einzelnen Wirkungen sind natürlich von der jeweiligen Krise abhängig. Wir übergehen im folgenden spontane Krisen wie etwa Naturkatastrophen, da diese praktisch ohne Vorwarnung eintreten.

Auswahl von Symptomen einer nahenden/ sich entwickelnden Krise 3. Klasse

Verknappung von Gütern, unregel- und/oder übermäßige Preissteigerungen, Einschränkungen individueller Freiheiten, Gleichschaltung der Medien, Gleichschaltung staatlicher Institutionen, Erosion staatlicher Kontrolle, Bildung von Grau- später Schwarzmärkten, gehäufte Störungen der Infrastruktur, erhöhte steuerliche Belastung, de-facto Abkopplung von kulturellen Subsystemen aus der Gesellschaft, Stagnation, später echte Rezession der Wirtschaft, d.h. Vernichtung von Produktionsmitteln, Rückgang von Geburten, Rückgang der Lebenserwartung, Verschlechterung der medizinischen Grundversorgung, steigende Gewaltkriminalität, Erosion traditioneller Beziehungsstrukturen wie Ehe und Familie, Zunahme bestimmter körperlicher und/oder psychischer Erkrankungen, Zunahme bestimmter Geburtsfehler, Verflachung der Sprache, Verflachung kultureller Produktion usf.

Um eine echte Krise zu indizieren, müssen mehrere dieser Symptome über einen längeren Zeitraum hinweg auftreten, bzw. einige Symptome die von ihnen befallenen sozialen Systeme so stark beeinflussen, dass diese sich nicht mehr ohne Hilfe von außen oder innerhalb ihrer normalen Zyklen regenerieren können. Rezessionen beispielsweise sind natürliche Bereinigungserscheinungen im wirtschaftlichen Feld. Doch dauern sie nicht an. Nach einem gewissen Zeitraum schlägt das Pendel wieder in die andere Richtung aus. Dem Ab- folgt der Aufschwung – Börsenkurse teilen diese Berg- und Talregel. Eine *echte* wirtschaftliche Krise dagegen wird die Bedingungen des Wirtschaftens selbst grundlegend verändern. Die Industrialisierung war beispielsweise eine solche Krise für Handwerker, deren Produkte nun maschinell bedeutend günstiger hergestellt werden konnte.

Also eine leerstehende Fabrik indiziert noch keine Krise. Ein brachliegendes Feld inmitten einer Nahrungsmittelknappheit dagegen schon. Die Krankheit muss zum Tode führen, wenn sie nicht behandelt wird, um als Symptom einer echten Krise gelten zu können.

Die gesellschaftlichen Reaktionen der 2. Phase unterscheiden sich von denen im 1. Stadium der Krise genannten im Prinzip nur durch den Ton und die Folgen, die sie zeitigen – inhaltlich sind sie identisch. Innerhalb des sozialen Raums wird die Krise durch den „Propheten" offenbar, weswegen sich die öffentliche Reaktion auf jenen fokussiert. Man kann vier Phasen unterscheiden.

1. Bestimmte Propheten und Prophetien werden überhaupt öffentlich wahrgenommen.

Unheilspropheten treten zu allen Zeiten auf, aber meist ignoriert man sie, weil der Gehalt ihrer Prophetien nicht nur abseits der narrativen Wirklichkeit des sozialen Raums steht, sondern auch abseits des kollektiven Bauchgefühls, des Instinkts der Masse. Niemand glaubte ernsthaft daran, dass 2012 die Welt untergehen würde. Niemand glaubte ernsthaft an eine von Gott ins Werk gesetzte neue Sintflut, die uns Menschen vernichten würde. Nur innerhalb eines kleinen Kreises wurden dergleichen Vorhersagen ernsthaft thematisiert. Einen größeren Einschlag haben die Prophetien im künstlerischen Bereich. Dort inspirieren sie Schriftsteller und Filmemacher, durch die sie einem größeren Publikum nachhaltig vorgestellt und eingeprägt werden. So wird der Boden für die folgende Phase bereitet.

2. Die Propheten und die Prophetien werden lächerlich gemacht.

Die erste bewusste Reaktion des sozialen Raums auf die Vorhersage einer ihn treffenden Krise ist ungläubiges Staunen und Lächeln, ohne dabei die Sache gänzlich abzutun. Das Mittel der Komik dient dazu erste *argumentative Widerlegungen* zu entwerfen.

3. Die Propheten werden verächtlich gemacht, ihre Vorhersagen teils argumentativ scharf und ernsthaft bekämpft, teils aggressiv geleugnet.

Ereignisse, die die Richtigkeit der Prophetien stützen könnten, werden umgedeutet, die Wahrheit wird verhüllt und zurechtgebogen.

4. Die Propheten und ihre mittlerweile zahlreichen Anhänger werden verfolgt, die Prophetien, mittlerweile vielfach verschriftlicht, werden verboten. Man führt erst

eine verdeckte, dann eine offene Nachrichtenzensur ein. Der Prophet wird zum Feind des sozialen Raums erklärt, die nun vollends wirksame und nicht mehr übersehbare Krise als sein Werk hingestellt.

In der gesellschaftlichen Wahrnehmung verschwindet die echte Krise allmählich, weil verboten wird, über sie zu sprechen, bzw. weil ihre unübersehbaren Symptome entweder verschwiegen oder aber in andere Erklärungsmodelle eingebettet werden. Dagegen werden artifizielle Wirklichkeiten als Suspensorium angeboten. Diese artifiziellen Wirklichkeiten sind dadurch bestimmbar, dass sie die Folgen der Krise zwar klar in sich ausdrücken, dabei aber gleichzeitig Erklärungs- und Lösungsmodelle anbieten, die vollkommen widersinnig sind. Trotzdem wirken sie auf Teile der Gesellschaft kathartisch (reinigend) und narkotisch (einschläfernd). Der Politthriller, Kriegsfilm oder Katastrophenfilm sind gute Beispiele für eine frühe artifizielle Suspension von Krisen, die den sozialen Raum selbst betreffen; der Liebesfilm oder das Drama erfüllen die gleiche Funktion im Feld individueller Krisen der 1. (individuelles Überleben) und 2. (Weitergabe des Lebens) Kategorie. Wer sich über echte Krisen, bzw. echte Krisenpotentiale einer Gesellschaft informieren will, sollte einfach ins Kino gehen und die hier vorgestellten *Grundkonflikte* ohne die filmisch angebotene Auflösung analysieren.

Drittes Stadium: Klimax der Krise/
Zusammenbruch ganzer Bereiche der Alltäglichkeit

Nach der erzwungenen Ruhe bricht sich die Krise irgendwann doch die Bahn. Sie beginnt nun schnell und umfassend weite Teile der Gesellschaft zu erfassen und deren Alltäglichkeit radikal umzuformen. Dieser Vorgang kann paradoxerweise erstaunlich still vor sich gehen, vor allem wenn er sich über einige Jahre erstreckt. Größer als jede nicht unmittelbar lebensbedrohliche Wirkung ist die Fähigkeit des Alltags-Verstandes zur Leugnung jeglicher Störung der Alltäglichkeit um willen ihres Erhalts. Hier gilt jene

Regel, die besagt, dass die überwiegende Zahl der Mitglieder einer von einer Krise betroffene Gesellschaft diese über weite Strecken ignorieren und sich nur umso fester an ihre erodierende Alltäglichkeit klammern werden, während eine kleinere Gruppe Vorsorge- bzw. Rettungsmaßnahmen ergreifen wird. Diese Regel scheint dem Naturgesetz zu folgen, das den Erhalt der Art über den Erhalt der Mehrheit ihrer Mitglieder stellt. Für das Überleben der Wenigen ist es nämlich unabdingbar, dass die Mehrheit im Angesicht der Krise nicht in Panik verfällt und das Funktionieren des sozialen Körpers solange wie möglich aufrechterhält. Die Geschichte, vor allem die Kriegsgeschichte, ist voller kurioser Anekdoten, die dieses für den Außenstehenden oder Nachgeborenen so seltsame Verhalten demonstrieren. Unmittelbar vor dem Zusammenbruch von Nazi-Deutschland – um nur ein einziges Beispiel aus meiner Heimat zu nennen – traten im fränkischen Raum etliche Bahnbedienstete noch immer planmäßig ihren Dienst an, obgleich die Bahnhöfe und Zugdepots unter schwersten Bombardements lagen und teilweise bereits gänzlich zerstört waren. Nichtsdestotrotz wurden Loks in Stand und in Bewegung gesetzt und Züge zusammengestellt, die weder Ladung, noch Passagiere, noch Ziel hatten. Ohnehin waren die meisten Gleise zerstört. Vielmehr als ein paar Kilometer zu fahren war praktisch unmöglich – wurde aber trotzdem versucht, während feindliche Jagdflugzeuge diese verzweifelten und völlig sinnlosen Unternehmungen der Bahnbediensteten mit heftigen Angriffen zu unterbinden suchten. Im Nachhinein stellte sich heraus, dass viele dieser Lokführer teils hochgradig traumatisiert waren und praktisch wie willenlose Maschinen nach bekannten Verhaltensmustern agierten, obgleich diese ohne die entsprechende Infrastruktur völlig sinn- und nutzlos waren. Sie verhielten sich wie Automaten. Geht man aber nur ein paar Wochen in der Geschichte zurück, führte das gleiche Verhalten damals dazu, dass hunderte Zivilisten sich in Sicherheit bringen konnten, weil das gesellschaftlich gesehen bereits obsolet gewordene Zugwesen dieser Region immer noch in Betrieb gehalten wurde.

Gehen wir von diesem kleinen Einschub zurück zur Beschreibung des Krisenhöhepunkts: Die vorgestellten Symptome beginnen nun chronisch und umfassend zu werden. Das zerstörerische Potential der Krise beginnt sich zu verwirklichen, um die soziale und materielle Infrastruktur aufzulösen. Staatliche Institutionen verlieren die Kontrolle über ganze Territorien. Sie ziehen sich auf Kerngebiete/Kernbereich zurück, wo sie sich selbst wie jene autonomen Subsysteme zu verhalten beginnen, deren Eindämmung und Ausschaltung ihre primäre Aufgabe darstellte. Einfacher ausgedrückt: Die Soldaten, die die Plünderer stoppen sollten, werden am Ende selbst zu Plünderern und umgekehrt. Die soziale und materielle Mobilität bricht zusammen. Die Wirkungskreise des Individuums beschränken sich auf immer engere Bereiche, das Reisen wird schwer. Handel und Industrieproduktion brechen zusammen, bevor sie sich auf lokaler Eben in einem viel kleineren und primitiveren Maßstab zu reorganisieren beginnen. Das Finanzsystem kollabiert, alternative Tauschmittel treten auf – Bitcoins, Gold- und Silbermünzen gehören aller Wahrscheinlichkeit nicht dazu, andere Tauschmittel sind daher zu bevorzugen; wir werden später davon sprechen.

In den Ballungsräumen, den dichtbesiedelten Städten, werden die Einschläge einer gesellschaftlich vermittelten Krise am härtesten zu spüren sein. Auf dem Land wird es leichter. Die Regel gilt: Je geringer die Besiedlungsdichte, desto geringer die Folgen einer Krise.

Schwerwiegender, da global, sind Technologiekrisen. Viele Technologien, die für unsere Alltäglichkeit unabdingbar sind, bedürfen einer hochentwickelten und sehr feingegliederten Infrastruktur, um zu funktionieren. Selbst mäßige Störungen routinierter Abläufe können katastrophale Folgen haben. Man denke nur an so etwas Banales wie einen 24-stündigen Stromausfall, geschweige denn der Zusammenbruch der Treibstoffversorgung oder des Telekommunikationsnetzes. Ohne Treibstoff und Strom bricht die Warenlogistik zusammen. Der Supermarkt bleibt leer, das Licht aus. Innerhalb weniger Tage bricht Chaos aus. Hat die Dissolution eines Alltagssystem einmal begonnen, vollzieht sie sich in erstaunlicher Geschwindigkeit.

Noch schrecklicher wäre die Zerstörung der Wasserversorgung durch Kontamination. Metropolen könnten tausende, wenn nicht hunderttausende von Opfern zu beklagen haben. Die einsetzende Fluchtbewegung könnte weite Teile des Landes vollkommen destabilisieren und in einem Dominoeffekt zu einer Art Mini-Völkerwanderung führen, die zu diesem Zeitpunkt noch stabile Regionen und Subsystem erfasst.

Man könnte diese Liste quasi beliebig fortsetzen. Wir wollen uns aber nicht weiter mgl. Szenarien der Krise aufhalten – dies überlassen wir besser den Literaten, Filmemachern und Künstlern. Wichtig für uns ist an dieser Stelle nur die Tatsache, dass der Höhepunkt der Krise darin mündet, dass die von ihr *erfassten Systeme irreversibel beschädigt* werden, sodass eine *systemimmanente Regeneration nicht mehr stattfinden kann*. Die von von den sozialen Systemen getragene Alltäglichkeit wird irreversibel umgestaltet.

Die Reaktionen des sozialen Raums in diesem finalen Stadium der Krise sind recht bemerkenswert. Sie scheinen einem Reflex zu folgen der den Verlauf der Krankheit unendlich beschleunigt, wohl um den Todespunkt schnellstmöglich zu überwinden ganz nach dem Sprichwort: Lieber ein Ende mit Schrecken als... Entsprechend finden wir zwei grobe Stimmungen, die sowohl von den Einzelnen, die Teil der untergehenden Systeme geblieben sind, als auch von den Systemen selbst empfunden werden.

Exitus: Resignation und Selbstzerstörung

Das Gefühl der Resignation ist ein Grundgefühl von Gesellschaften, die sich im Endstadium der Krise befinden. Es spiegelt sich dort in zwei Dimensionen wieder. Als bewusste Resignation führt sie notwendig in eine Depression: Lustlosigkeit, Lethargie, die Empfindung, dass das Dasein leer und sinnlos, das jeglicher Schaffensprozess Verschwendung sei. Diese

Art der Resignation ist beispielsweise die Grundstimmung der intellektuellen Elite im Barock – der 30-jährige Krieg ist mit Sicherheit die langanhaltendste und schwerste Krise in der Geschichte Mitteleuropas. Ihr fielen bis zur Hälfte (!) der Bevölkerung des Heiligen Römischen Reichs Deutscher Nation zum Opfer. Die Stimmung: Die Welt ist voller Übel, das Leben flüchtig, permanent in Gefahr und im Letzten wertlos. Die Hymne dieser Resignation hat in Anlehnung an das Buch des Predigers Andreas Gryphius geschrieben; es mag aus der Schulzeit zwar noch dem Gedenken verhaftet geblieben sein, weil es aber so schön ist, zitiere ich es trotzdem:

Es ist alles Eitel (1663)

Du siehst, wohin du siehst, nur eitelkeit auf erden.
Was dieser heute baut, reißt jener morgen ein;
Wo ietzundt städte stehn, wird eine Wiese seyn,
Auf der ein schäfers kind wird spielen mit den herden;

Was itzundt prächtig blüth, sol bald zutreten werden;
Was itzt so pocht und trotzt, ist morgen asch und bein;
Nichts ist, das ewig sey, kein ertz, kein marmorstein.
Jetzt lacht das glück uns an, bald donnern die beschwerden.

Der hohen thaten ruhm muß wie ein traum vergehn.

Soll denn das spiel der zeit, der leichte mensch bestehn?
Ach, was ist alles diß, was wir vor köstlich achten,

Als schlechte nichtigkeit, als schatten, staub und Wind,
Als eine wiesen blum, die man nicht wieder find't!
Noch wil, was ewig ist, kein einig mensch betrachten.

Als <u>unbewusste Resignation</u> gebiert diese Empfindung einen völlig entgrenzten Hedonismus. Durch die Verfolgung meist körperlicher, seltener ästhetischer Lüste versucht der Mensch die dumpfe

Sinn- und Hoffnungslosigkeit zu betäuben, die ihm jeglichen Lebens- und Schaffenswillen raubt. Uns ist dieser Hedonismus beispielsweise unter dem sonderbaren Ausdruck der Spaß- oder Freizeitgesellschaft bekannt – sonderbar: weil Spaß, Freude, Frohsinn ja Gegenteile einer durch Resignation befeuerten depressiven Grundstimmung darstellen. Das kurze High, der nächste Kick, das Überwinden einer weiteren moralischen oder körperlichen Beschränkung usf. sind nicht Modi einer Alltäglichkeit, sondern deren faktische Entartung. Es gibt wenig, was trauriger anzusehen ist, als die bizarre Alltäglichkeit des alternden Hedonisten: Wir denken an Mann's Büchlein *Tod in Venedig* oder die Figur des *Don Giovanni* in Mozarts Oper.

Dem Hedonismus verwandt, ja in gewisser Hinsicht ein Aspekt, eine Möglichkeit, eine Facette seiner Verwirklichung ist die Mentalität der Selbstzerstörung. Auch sie tritt in der Krisengesellschaft in bewusster, willkürlicher oder unbewusster, unwillkürlicher Form auf. Als morbider, aber der Sache nach zutreffender Vergleich, dieses Verhältnis darzustellen, kann der Unterschied zwischen einem Drogenabhängigen und einem Selbstmörder, der sich mittels Überdosis vom Leben lösen will, dienen. In gewisser Hinsicht tun nämlich beide das gleiche: Sie benutzen Drogen, um einem als unerträglich empfundenen Daseinszustand zu entkommen. Der Unterschied liegt im Bewusstsein der Konsequenzen: Der Drogenabhängige strebt den Rausch an, die Selbstvernichtung nimmt er dabei in Kauf. Der Selbstmörder strebt die Selbstvernichtung an, der Rausch ist ihm nur Beiwerk.

Ein Beispiel für die unbewusste Selbstzerstörung sind jene sonderbaren Verhaltensweisen, wir würden sie *Laster* nennen, die in der modernen westlichen Gesellschaft nicht nur nicht verachtet werden, sondern sogar einiges Prestige mit sich bringen, wenn man sie nur in verfeinerter Weise ausführt. Man denke nur an das Rauchen. Tolstoi hat es in seinem kleinen Werk *Kreutzersonate* wundervoll auf den Punkt gebracht: Erst muss man sich unter Übelkeit und Überwindung an das

Rauchen gewöhnen, dann aber ist man abhängig davon und ganz Sklave dieses Gelüstes, das einem Geld und Gesundheit raubt. Desgleichen kann von Alkoholgenuss, überreichlichem Essen, Süßigkeiten, Stimmungsaufhellern usf. gesagt werden. Es klingt recht amüsant, wenn man es sich laut vorspricht: Der regel- und übermäßige Verzehr von Gummibärchen entspricht einem Akt kriseninduzierter unbewusster Selbstzerstörung. Betrachtet man dann die Zahlen, was Fettleibigkeit, Diabetes usf. angeht, vergeht einem das Schmunzeln jedoch schnell wieder. Neben der Zerstörung des Körpers (1. Bedürfnisklasse) kann und wird auch die Psyche (2. Bedürfnisklasse) Opfer des unbewussten Vernichtungswillens. Der Vorgang spielt sich hier ungleich subtiler ab. Man sieht in dieser Sache oft den Wald vor lauter Bäumen nicht. Wir haben uns an den kollektiven Wahnsinn oder den Wahnsinn des Kollektivs in der Krise bereits so sehr gewöhnt, dass wir die *unmenschlichen* Verhaltensweisen und widernatürlichen *falschen* Bedürfnisse, zu deren Befriedigung wir ermuntert werden, als normal, ja ihren natürlichen Gegenstücken sogar überlegen zu beurteilen gelernt haben. Wir interpretieren Verhaltensweisen und/oder -normen als erfolgversprechend und lebensfördernd, die das genaue Gegenteil dessen bewirken, was sie vorgeben. Wahllose Promiskuität bei gleichzeitiger Schwangerschaftsverhütung mag hier als Beispiel dienen. Der Geschlechtsakt wird von den ihm natürlich-imanenten Aspekten der *Weitergabe des Lebens* und der *emotionalen Bindung* an <u>einen</u> Partner gelöst und zum rein hedonistisch überformten Akt der *Selbstbefriedigung* mittels eines anderen Körpers pervertiert. Die Liebenden lieben einander nicht, sondern benutzen und missbrauchen sich wechselseitig. Die Folge dieses Tuns ist neben dem allzu kurzen körperlichen und psychischen Rausch gähnende Leere und Agonie anstelle von echter Lebenslust und wahrer Liebe. Die Belanglosigkeit des Geschlechtsverkehrs beraubt ihn seiner vitalen Relevanz. Am Ende steht oft die Aufgabe des Aktes ohne einen schöpferischen Ersatz dafür gefunden zu haben. Unweigerlich denkt man an die sog. Pflanzenfresser-Bewegung in Japan – junge, gesunde Männer, die der gesellschaftlich vermittelten Alltäglichkeit – die in der Krise steht – entsagen und weder sexuelle Befriedigung, noch materielle Ziele verfolgen.

Man wartet auf den Tod.

Dieser schopenhauerisch anmutende Quietismus als radikalste Form der Selbstzerstörung stellt gleichsam den Übergang zwischen ihrem unbewussten, unwillkürlichen und bewussten, willkürlichen Modus dar. Die höchste Potenz der Krise 3. Klasse mündet in der bewussten und planvollen Auflösung der von ihr betroffenen Gesellschaft. In geringerem Maße begegnet uns dieses Phänomen unter der Gestalt sog. Massenselbstmorde. Diese ereignen sich oft innerhalb von religiösen Subsystemen oder sind zumindest religiös konnotiert. Diese Systeme lösen sich aus der in der Krise befindlichen Muttergesellschaft als Gegenbewegung zu dem dort erlebten destruktiven Verhalten heraus. Der klassische Fall ist die *Sekte*, die sich als Gegensystem zur verdorbenen – krisengeschüttelten – Gesellschaft konstituiert. Allerdings wird in dieser Ablösung nicht die Krise bekämpft, sondern das von der Krise betroffene System verneint. Tatsächlich ist es so, dass die Krise selbst zum konstituierenden Moment des Subsystems wird. Im Augenblick der Überwindung der Krise zerbricht dieses Konsituens, das Fundament des Subsystems erodiert. Es folgt der Zusammenbruch, der, da die Krise immer bewusst ist, gleichfalls bewusst vollzogen wird. Man denke an Jonestown oder die Tragödie von Masada. Weniger radikal als die faktische Tötung der Mitglieder eines Systems ist die bürokratische Abwicklung von Staaten und Gesellschaften. Diese Systeme kapitulieren in Anbetracht der Krise und gliedern sich dann anderen, stabileren Systemen an, wobei sie deren Alltäglichkeit unreflektiert, gleichgültig oder auch enthusiastisch und in vollster Bewusstheit übernehmen, das Eigene dagegen abschätzig bewerten und endlich aufgeben. So war es zu Caracallas Zeit Sitte am Hof des sterbenden römischen Reiches, Perücken und Kleidung nach Art der Germanen zu tragen. Caracalla selbst ist ein Ziername. Er bezeichnet den Überwurf des germanischen Mannes, also eine fremdländische Tracht. Die einst verachteten barbarischen Einwanderer wurden zur maßgebenden Schicht. Die Fremden stiegen von Bauern und einfachen Soldaten zu Gutsbesitzern, Feldherrn, Politikern und endlich auch Kaisern auf. Die Alltäglichkeit des Germanischen wurde zur neuen Alltäglichkeit im römischen Reich, während dessen althergebrachten Sitten, Traditionen und Institutionen aufgegeben, bzw. den neuen Sitten angepasst wurden. Sicherlich war dieser Effekt der Anpassung nicht nur einseitig. Auch die Germanen übernahmen viel von der römischen Kultur. Aber die Waage pendelt sich in diesen Angelegenheiten nie in der Mitte ein: *Der sich auflösende übernimmt von dem ihn verzehrenden sozialen Raum (Kultur, Narrativ usf.) mehr, als er jenem zurückgibt.*

Recht ähnliche ideologische Transformationserscheinungen begegnen im Aufstieg des Christentums, des mittelalterlichen Rittertums, des Bürgertums, des Sozialismus und in neuerer Zeit des Islam in Europa.

11.2 Direkte und vermittelte Krisenfolgen

An dem Vorangegangenen sieht man, dass eine Krise hinsichtlich ihrer Folgen zwei Dimensionen besitzt. Wir unterscheiden 1. zwischen **direkten**, aus der Krise selbst resultierenden und 2. den durch die betroffene Bedürfnissphäre – in unserem Fall der soziale Raum – **vermittelten** Wirkungen. Diese Unterscheidung ist für die Krisenvorsorge essentiell und wird gemeinhin unterschätzt, wo nicht gänzlich übersehen. Die meisten Konzepte der Krisenvorsorge beziehen sich fast ausschließlich auf Krisen der ersten beiden Kategorien, also solche die Leib und Leben bedrohen, sowie deren direkte Wirkungen. In Wahrheit sind aber die über das gesellschaftliche System vermittelten Krise häufiger und nachhaltiger, ihre Wirkungen zwar subtiler, indirekter, aber nichtsdestotrotz von vergleichbarer, wenn nicht sogar größerer destruktiver Potenz.

Eine direkte Hungerkrisenfolge beispielsweise ist die Verknappung des Lebensmittelangebots bei gleichzeitiger Preissteigerung. Dies führt im schlimmsten Fall zu Hunger und Hungertod, im besseren und vielfach wahrscheinlicheren Fall zu wirtschaftlichen Einbußen. Eine Strategie, einer solchen Hungerkrise vorzubeugen, kann für den Einzelnen das Anlegen von Vorräten sein. Wir kennen und lachen über die sog. Doomsdayprepper, die in Kellern, Bunkern, Geheimverstecken usf. gewaltige Gütermengen feinsäuberlich einlagern, um für den Tag X hinreichend gerüstet zu sein. Aber was geschieht, wenn der Tag X wirklich kommt? War ihre Vorsorge angemessen? War sie überhaupt ausreichend? Spielen wir einen echten Doomsday einmal durch, um ein Gefühl für die Bedeutung *passender* Vorsorge zu bekommen:

Ausgangslage: Eine durch eine Dürre verursachte weltweite Hungersnot.

Wahrscheinliche direkte Folgen: Massive Nahrungsmittelverknappung führt zu...

1. Bedrohung der Bedürfnisse 1. Klasse (Nahrungsmangel, Hunger)
2. Beeinträchtigung der Bedürfnisse 2. Klasse (Stress, Zukunftsängste, gefühlte und reale Unsicherheit, Auflösung familiärer/ individual-sozialer Strukturen etc.)
3. Erodierung der Bedürfnissphäre 3. Klasse (zunehmende Beeinträchtigungen bis hin zum Kollaps der gesellschaftlichen Alltäglichkeit auf dem Höhepunkt der Krise, Anarchie)

Vorsorgemaßnahmen: Lebensmittel für drei Jahre an sicherem Ort.

Ziel: Überleben der und Leben in der Krise gemäß der Bedürfnissphären der 1. und 2. Klasse

Wahrscheinliche Szenarien:

1. Solange noch Verbindungen zu der sich auflösenden Gesellschaft bestehen, wird zu irgendeinem Zeitpunkt kaum noch das Vorhandensein versteckter Lebensmittel zu verheimlichen sein: Der Prepper weist im Gegensatz zu seinen Mitmenschen weder Mangelerscheinungen noch größeren Gesichtsverlust auf. In dieser Konstellation wird er das allgemeine Interesse auf sich ziehen, was in dieser Situation recht gefährlich ist. Sein Lebensmittellager wird – möglicherweise mittels Erpressung oder Folter – auf kurz oder lang gefunden und geplündert werden, während er dem irrationalen Zorn seiner Mitmenschen zu gewärtigen haben wird.

2. Der Prepper bricht rechtzeitig (!) sämtliche Kontakte zur Gesellschaft ab, er bugged-out, macht sich aus dem Staub, verschwindet spurlos. Nehmen wir an, sein Versteck ist tatsächlich unauffindbar und zudem umgeben von einer Reihe unabdingbarer Ressourcen, die er unauffällig und nach Belieben nutzen kann wie Brennholz oder frisches Trinkwasser. Er lebt vollkommen autark, was ihm erlaubt, den Kontakt zur untergehenden Gesellschaft aus Sicherheitserwägungen zu vermeiden. Gehen wir weiterhin vom Bestfall aus: Nach drei Jahren beginnt sich die Gesellschaft zu stabilisieren. Die Hungerkrise ist – wenn auch unter beträchtlichen Opfern – überwunden worden und der Rückkehr des Preppers in die sich neu konstituierende post-krisen Gesellschaft steht nichts mehr in Wege. War seine Krisenvorsorge erfolgreich? Nun, was das schiere Überleben angeht, gewiss. Er hat die Krise über-lebt. Indem er seine Alltäglichkeit rechtzeitig von der Alltäglichkeit der Gesellschaft löste, überstand er die Krise. Aber überstand er wirklich die *ganze* Krise? Seine Bedürfnisse 1. Klasse wurden nicht angetastet – ok. Was ist aber mit den Bedürfnissen der 2. Klasse? Hier wurde auch er Opfer der Krise. Unbestreitbar kann der Mensch zwar längere Zeit für sich alleine existieren, aber besonders lebenswert scheint dieser Daseinsmodus nicht

zu sein. Keine Gespräche, keine Intimität, keine Hoffnungen – nichts als überleben und warten. Zur Langeweile kommt der Stress hinzu, den ein auf sich allein gestellter Mensch ertragen muss: Jede Erkrankung, jede Verletzung kann zur lebensbedrohlichen Krise, also zur Krise Erster Klasse werden. Das Damoklesschwert der Zufalls schwebt über dem Einsamen. So gesehen, wird auch unser Prepper Opfer der Krise, wenn er ihre Folgen auch von der 1. in die 2. Klasse umwälzen kann. Er überlebt die Krise, indem er sein *Leben* aufgibt, also in gewisser Hinsicht in einen Winterschlaf tritt. Komm, oh Tod, du Schlafes Bruder.

3. Nehmen wir den zweiten Fall als Ausgangslage, fügen aber hinzu, dass der Prepper seine Familie (1 Frau, 3 Kinder) mit sich evakuiert hat. Hier spielen nun eine Reihe weiterer Faktoren mit in die Rechnung hinein, die zu beachten sind. Dass das familiäre Zusammenleben schon unter normalen Bedingungen nicht immer ganz einfach ist, wird jeder wissen. Gute Zeiten, schlechte Zeiten. Selbst wenn man aber als Familie unter besagten normalen Umständen praktisch perfekt mit- und füreinander funktioniert – ich bevorzuge den Ausdruck Funktion über Harmonie, weil die Familie gerade in einer Krise weniger den Charakter einer Liebes- als einer Arbeitsgemeinschaft hat –, ist doch unklar, wie sich diese soziale Einheit unter dem Eindruck einer massiven Krise verhalten wird.

Nehmen wir weiter an, um das Beispiel abzuschließen, die Familie zerbricht zwar unter dem Druck der Krise nicht, aber das Zusammenleben während diese drei kurzen und zugleich sehr langen Jahre unterliegt nichtsdestotrotz einem massiven Wandel seiner Alltäglichkeit: Erfüllte die Familie vor der Krise primär Bedürfnisse der 3. Klasse, sekundär Bedürfnisse der 2. Klasse und praktisch kaum solche der 1. Klasse, stellen die neuen Umstände des Lebens diese Pyramide auf den Kopf. Die Familie verwandelt sich von einer Harmonieeinheit in eine Arbeitsgruppe, mit strikten Hierarchien und klaren Rollen- und Aufgabenverteilungen. Da sie ursprünglich in einem funktionierenden sozialen Raum als Harmonieeinheit gegründet wurde, wird ihr Wert, was die Bedienung grundlegender Bedürfnisse angeht, im Zeichen der Krise herausgefordert werden. Nicht mehr Wohlfühlen und Liebhaben stehen im Vordergrund, sondern Arbeitskraft, Verlässlichkeit, Gesundheit usf. Trotz aller Vorbereitung werden die Mitglieder besagter Familie Opfer der Krise, weil ihre Alltäglichkeit sich radikal ändern muss – was, wie gesagt, nicht unbedingt etwas gänzlich Schlechtes sein muss.

Das Resultat: Das Überleben des Einzelnen wird im Verband deutlich erleichtert, auch Bedürfnisse der 2. Klasse werden auf einer basalen Ebene befriedigt. Die Folgen der Krise verteilen sich gewissermaßen auf die Mitglieder der Familie. Allerdings ist die Abmilderung der je individuellen Auswirkungen um einen hohen Preis erkauft: Abgesehen von eventuellen Spannungen innerhalb der Familie, ist diese als soziale Konstruktion im Gesamt grundsätzlich störungsanfälliger als der Einzelne. Ein gewisser Teil der gewonnenen Ressourcen an Zeit und Arbeit muss in den Erhalt der Gruppe *reinvestiert* werden. So bildet also selbst der perfekt funktionierende Familienverband einen potentiellen weiteren Krisenherd innerhalb einer Krise, der unter Kontrolle gehalten werden muss.

Unsere Beispielszenarien machen klar, dass wir bei der Krisenvorsorge vernünftigerweise mit den direkten und vermittelten Folgen der Krise zu rechnen haben. Als soziale Lebewesen ist die Erodierung des sozialen Raums allerdings von bedeutenderer Wichtigkeit – der soziale Raum selber ist die Sphäre der Erfüllung von Grundbedürfnissen, die, wo nicht überlebensnotwendig, so doch lebensnotwendig sind. **Die Folgen einer Krise, die über den sozialen Raum vermittelt werden, wiegen daher oft schwerer als die direkten**. Die meisten Katastrophen/Krisenhöhepunkte sind relativ schnell überwunden. Ihre Auswirkungen überdauern jedoch Jahre, wenn nicht Jahrzehnte, Jahrhunderte, wenn sie den sozialen Raum, dessen Alltäglichkeit sie angriffen, nicht in seiner Gänze zerstört haben. Es ist daher ein Gebot der Vernunft bei Krisenvorsorge und -bewältigung ein besonderes Augenmerk auf jene Szenarien zu werfen, die den sozialen Raum betreffen und/oder durch ihn vermittelt werden.

12 Arten und Auswirkungen von Krisen 3. Klasse

12.1 Naturkatastrophen/ Umweltkrisen/ Ressourcenknappheit

Spontane <u>Naturkatastrophen</u> wie Hurrikans oder Vulkanausbrüche, Sturmfluten oder Erdbeben will ich hier nur recht knapp behandeln, weil sie weder selbst Folgen einer Krise sind, noch meist andauernde krisenhafte Auswirkungen haben. Ihre Unberechenbarkeit und Spontanität führen nur selten zu Veränderungen der Alltäglichkeit des betroffenen sozialen Raums. Ich sage damit nicht, dass Naturkatastrophen nicht desaströse Verwüstungen anrichten können. Der Mensch ist indes so sehr an die Gewalten der Natur gewöhnt, dass ihr Eintreten für ihn eher den Charakter eines Zu- bzw. Unfalls besitzt und ohne bleibende Folgen für den betroffenen sozialen Raum ist. Der Einzelne kann freilich durch die Folgen einer Naturkatastrophe in die Krise geraten, wenn er Haus oder Familienangehörige verliert oder selbst schwer verletzt wird. Aber die Alltäglichkeit des sozialen Raums wird davon eben meist nicht betroffen.

Anders sieht es mit <u>Umwelt- und/ oder Ressourcenkrisen</u> aus. Trotz beharrlicher Bemühungen sich aus den Klauen eines unberechenbaren und als feindselig empfundenen natürlichen Umfeldes durch dessen Umgestaltung mittels Technologie zu lösen, ist der Mensch nach wie vor von seiner natürlichen Umwelt abhängig und sei es nur, um sich deren Ressourcen nutzbar zu machen. Eine Veränderung dieses Umfeldes (positiv oder negativ) führt notwendig zur Krise des jeweiligen sozialen Raums. Die vorgefundenen Lebensbedingungen verschlechtern sich. Beispiele hierfür wären die von der Industrie verursachte

Luftverschmutzung oder ein sich durch natürliche Erosion veränderter Flusslauf. Wer Verursacher der Krise ist, spielt für ihren Verlauf und ihre Auswirkung kaum eine Rolle. Umweltveränderungen können selbst Auslöser für politische oder soziale Krisen sein. Die Krise wird dann zum Katalysator eines neuen Wertesystems, das das alte, in die Krise geratene, abzulösen versucht. Die weltweite Etablierung sog. grüner Parteien/Bewegungen/Vereine und der Wandel ihrer Programmatik von der Umweltfrage hin zu sozialen und außenpolitischen Themen können hierfür als Beispiel jüngeren Datums genannt werden.

Schwerer wiegen vor allem für höher entwickelte Gesellschaften <u>Ressourcenkrisen</u>. Unsere westliche Welt ist hoch technologisiert. Technologie braucht Infrastruktur, Energie und eine Vielzahl von *Rohstoffen*, worunter auch ausgebildete Fachkräfte und Spezialisten sog. Humanressourcen fallen. Wir leben auf einem Planten mit einem endlichen, fest definierten Raum und begrenzten Ressourcen. Die Knappheit bestimmter Rohstoffe ist darum nicht weiter erstaunlich, auch nicht der Kampf verschiedener Gesellschaften über ihre Kontrolle. Wenn die Knappheit zum Mangel wird, eskaliert die Lage: Eine Krise kündigt sich an, weil der Mangel an Ressourcen und die dadurch bedrohte Nutzung bestimmter *alltäglicher* Technologien, die gelebte Alltäglichkeit beeinträchtigt. Als besonders prägnantes Beispiel einer die Alltäglichkeit berührenden Ressourcenkrise kann die Energiekrise der 70er Jahre angeführt werden, deren Folgen etliche Bereiche der Gesellschaft massiv beeinflusst haben. Die Art und Weise, wie man über Fragen wie Mobilität und Wohnraum dachte, veränderte sich radikal – übrigens nicht zum schlechteren, wie man heute wohl behaupten kann: Eine überwundene Krise kann, wenn sie die Gesellschaft nicht zerstört hat, deren späteres Wachstum und Gedeihen durchaus begünstigen. Was sie nicht umbringt, macht sie stärker.

Die größte Gefahr, die eine Ressourcenkrise mit sich bringt, ist aber nicht der Mangel an einem bestimmten Rohstoff, sondern die sich im Vorfeld oder

Nachgang des Bekanntwerdens der Krise ergebenden sozialen und politischen Verwerfungen. Bei den meisten *echten* Krisen der natürlichen Umwelt entsteht das Gros des Schadens nicht durch die eigentliche Veränderung der Umwelt, sondern durch die sie begleitende Erosion der betroffenen Gesellschaft. Der Faktor Angst fungiert hier als Multiplikator, der gesellschaftliche Wandlungsprozesse exponentiell beschleunigen/ potenzieren kann. Dementsprechend vermeiden Gesellschaften, die von einer Krise betroffen sind, tunlichst, diese zu thematisieren. Dieses Verschweigen geschieht bewusst auf Ebene der Institutionen (Propaganda/ Ablenkung/ Heilsprophetien) und/oder unbewusst im privaten Bereich (leugnen, ignorieren etc.). Man schweigt, um die Alltäglichkeit, die den sozialen Raum als Ort individueller Bedürfnisbefriedigung erhält, so lange wie möglich intakt zu halten, weil man, bewusst und/oder unbewusst, weiß, dass eine Panik nicht nur die Rettung einzelner Partikel des kollabierenden System erschweren, sondern den Untergang des Systems noch zusätzlich beschleunigen/potenzieren würde.

Auswahl einiger Frühzeitindikatoren von echten Umwelt- und Ressourcenkrisen

Gefühlter oder echter Mangel an Ressourcen:

- Forcierung alternativer, evtl. minderwertiger Technologien wie das durch Holzkohlevergaser betriebene Auto
- Verbot/Besteuerung bestimmter ressourcenintensiver Technologien, z.B. traditionelle Glühbirnen
- Minderwertige Ersatzrohstoffe, z.B. Ersatzkaffee, Eichelmehl

Echte Umweltkrisen (natürliche oder künstliche Veränderung des natürlichen Umfeldes):

- Häufung signifikanter Erkrankungen wie

- Hautkrebs, Fehlgeburten
- Häufung außergewöhnlicher Naturphänome, z.B. Hochwasser, Hurrikans usf.
- Außerordentliche Zu- oder Abnahme einer Population bei sonst stabilen Bedingungen, z.B. erhöhte Fertilität, Mortalität
- Abnahme/ Veränderung landwirtschaftlicher und industrieller Produktion, z.B. Fabriken, Roboter
- Außerordentliche Migrationsbewegungen, z.B. Völkerwanderung

12.2 Soziale Krisen/Politische Krise – Krieg, gesellschaftlicher Zusammenbruch, Umwertung

Soziale und politische Krisen stellen die gängigsten Einwirkungen auf soziale Räume dar. Häufig sind ihre Folgen überschaubar und münden nach einer gewissen Anpassungsphase in einer neue Alltäglichkeit. Die Krise entfaltet hier oft eine überaus heilsame, reinigende Wirkung wie weiter oben beschrieben. Soziale Räume sind permanent im Wandel und müssen dies auch sein. Sie passen sich sowohl an die natürliche Umwelt als auch an andere soziale Räume als auch an die Wertesysteme und Vorlieben und Innovationen ihrer Bewohner an, bzw. bedingen und beeinflussen ihrerseits dieselben. An dieser Stelle soll aber nicht von jenen „normalen", in gewisser Hinsicht in die gesellschaftliche Alltäglichkeit integrierten, bzw. dort erwarteten Krisen die Rede sein, weil sie – paradoxerweise – eigentlich keine echten Krisen sind. Sie sind es zwar in dem Sinn, dass sie die Alltäglichkeit verändern, aber diese Veränderungen sind so überwiegend positiv, bzw. indifferent oder marginal, dass die Krise selten vom Gros der Bewohner eines sozialen Raumes als Bedrohung wahrgenommen wird – Ausnahmen natürlich ausgenommen; in den Sozialwissenschaften spricht man hier bspw. von sog. Modernisierungsverlierern. Wir konzentrieren uns auf jene schweren echten Krisen, die die Integrität eines sozialen Raums radikal und nachhaltig umwälzen.

13 Ursachen politischer/sozialer Krisen

Soziale und politische Krisen sind zumeist Folgeerscheinungen von natürlichen oder moralischen Krisen. Der soziale Raum agiert nicht, er reagiert, wobei die Basis seiner Reaktion der Erhalt der in ihm gelebten und in der Krise bedrohten Alltäglichkeit ist. Häufig sind die Anstöße einer sozialen Krise selbst nicht krisenhaft, bzw. werden nicht als krisenhaft wahrgenommen: Dies ist der Grund, warum wir diese intermittierende Gattung von Krisen 3. Klasse gesondert betrachten müssen. Ein Beispiel, um die Abhängigkeit von unkrisenhaftem Auslöser und politischer Krise darzustellen: Der Vietnamkrieg spielte für den Bestand der Alltäglichkeit der meisten US-Amerikaner keine Rolle. Sicher gab es Tote und Verletzte, sicher entstand finanzieller Schaden und zweifellos bedauerte der überwiegende Teil der Bevölkerung die Intervention in Vietnam, wenn sie auch deren Notwendigkeit auf Basis ihrer Alltäglichkeit (Bedrohung des American Way of Life durch kommunistische Ideologie) zunächst einsahen. Die USA war gewohnt im Krieg zu stehen (1. WK, 2. WK, Laos, Korea sind die größten, daneben gibt es eine Vielzahl kleinerer Operationen und Interventionen) – das Narrativ des notwendigen, die Freiheit bewahrenden Krieges war Teil der sozialen Alltäglichkeit. Ich benutze hier bewusst die Vergangenheitsform. Denn der Vietnamkrieg wurde zum Auslöser einer politischen Umwälzung, die die Alltäglichkeit und die in ihr gründende Wahrnehmung der Wirklichkeit in diesem Punkt radikal umwandelte und einen Keil in die Gesellschaft trieb, der bis heute schmerzhaft und eiternd die Gemüter scheidet. Krieg ist heute keine hingenommene Notwendigkeit mehr, kein natürliches Übel, sondern etwas, das man auf politischer und sozialer Ebene befürwortet oder ablehnt. Eine gemäßigte Position zwischen den Fronten gibt es kaum mehr. Der Krieg als Narrativ ist also vom festen Bestandteil der Alltäglichkeit zu einem ihr immanenten Krisenherd geworden, einer chronischen Erkrankung, wenn man so will, deren Ausbruch die Stabilität des sozialen Raums selbst antastet. Die extreme

Linksbewegung der meisten westlichen Demokratien ist eine direkte Folge der veränderten Einstellung gegenüber kriegerischen Interventionen überhaupt, die ihren Ursprung zweifellos in der politischen Krise, die den Vietnamkrieg umgab, hatte und ihrerseits jene moralische Krise 3. Klasse verursachte, die uns heute plagt.

14 Veränderte Machtverhältnisse und destruktive Subsysteme

Das Wesentliche einer sozialen/politischen Krise ist die radikale Veränderung der jeweiligen Machtverhältnisse. Damit sind nicht nur die demokratischen Verschiebungen politischer Prioritäten unter Beibehaltung gemeinsamer Grundwerte gemeint, wie wir sie kennen, sondern grundlegende Veränderungen wie die Abschaffung bestehender Herrschaftsformen oder die Etablierung/Abschaffung gesellschaftlicher Privilegierungen oder Entrechtungen von Subsystemen des sozialen Raums. Das Recht und seine Anwendung in der Praxis bilden hier einen entsprechenden Indikator für die Stabilität des sozialen Raums und die Beschaffenheit seiner Machtstrukturen, denn im sozialen Raum wird Macht immer mittels des Rechts (d.i. seine narrative Struktur) ausgeübt. Wo individuelle Rechte eingeschränkt werden, bzw. das Recht an sich von den Machthabern offen gebrochen wird, wirkt eine Krise, die auf kurz oder lang den sozialen Raum destabilisieren wird.

Eine solche *politische* Krise war der Übergang der Weimarer Republik in die Diktatur des 3. Reichs. Eine entsprechende *soziale* Krise war die Entrechtung und Verfolgung von Teilen der Bevölkerung (Homosexuelle, Kommunisten, Juden etc.) während der Nazi-Diktatur, die ihrerseits Konsequenz und Träger einer massiven *Wertekrise* war.

Die veränderten Machtverhältnisse gründen, bzw. folgen der sich jäh wandelnden Wahrnehmung der Wirklichkeit gegenüber der noch immer vorherrschenden

Alltäglichkeit mit ihrer Wirklichkeitsvorstellung. Die Krise des politischen oder sozialen Bereichs besteht also genau genommen darin, dass die Deutungsmuster der Alltäglichkeit des sozialen Raums nicht mehr in der Lage sind, die von dieser Wirklichkeitskonzeption abweichende Wahrnehmung der Wirklichkeit hinreichend zu erklären, bzw. zu unterdrücken bzw. plausibel in das vorhandene Narrativ einzugliedern. Einfacher ausgedrückt: Das sog. Establishment, welches sich auf den akzeptierten Deutungshorizont der Mehrheit der Bevölkerung des jeweiligen sozialen Raums stützt und diesen gleichsam in sich reproduziert, verfestigt und beschützt, verliert seine Deutungshoheit. Eine rasch wachsende Zahl von Mitgliedern des sozialen Raum verliert den Glauben an jene gesellschaftlichen Institutionen, auf denen die gelebte Alltäglichkeit wie auf einem Fundament ruht. Die Einzelnen, die den sozialen Raum gedanklich, nicht aber physisch verlassen, sammeln sich bald in Subsystemen, die in Opposition zur Alltäglichkeit des sozialen Raum treten, obgleich sie sich noch in ihm befinden. Anders als viele religiöse Sekten, denen es um eine radikale Abspaltung geht, verbleiben diese sich *politisierenden* Subsysteme in den Gesellschaften, in und gegen die sie sich konstituieren, um sie ultimativ zu überformen, d.h. *ihre* Alltäglichkeit zu etablieren, ihre Werte, ihre Wahrheiten usf. Als Beispiele können hier radikale linke und rechte Parteien und Gruppierungen genannt werden (politische Krise), aber auch religiöse und lebensphilosophische/ weltanschauliche Subsysteme (soziale Krise) können hierunter fallen. Als Beispiel für ein politisches Subsystem, das den sozialen Raum in die Krise stürzt, bzw. durch eine Krise des sozialen Raums überhaupt erst entstehen konnte, mag die NSDAP gelten. Sie agierte innerhalb eines politischen Feldes – nahm an Wahlen teil usf. – mit dem Ziel, dieses radikal und gemäß der eigenen Wirklichkeitskonzeption (sprich: Ideologie) umzugestalten.

15 Drei Phasen politischer/sozialer Krise

Betrachten wir nun zum besseren Verständnis den genuinen Ablauf sozialer/ politischer Krisen. Grob lassen sich hier drei Phasen ausmachen. Angetastet wird in den frühen Phasen zumeist die je gelebte Alltäglichkeit auf Basis ihres Narratives, d.h. alles das, was in einem sozialen Raum als plausible Deutung der Wirklichkeit akzeptiert wird. Später verschiebt sich die Krisenwirkung immer mehr in Richtung der materiellen Wirklichkeit, wobei das soziale Narrativ massiven Widerstand gegen die Anerkenntnis seiner sich verändernden empirischen Grundlage leistet und/oder in Teilen oder als Ganzes sich dieser anzupassen beginnt.

15.1 1. Phase: Kontroverse

Die soziale/politische Krise beginnt zunächst mit zunehmend aggressiven Kontroversen, in denen Grundbegriffe des Narratives der Alltäglichkeit in Frage gestellt werden. Was gestern galt, ist heute nichts mehr wert. Mit den vorherrschenden Begriffen und Definitionen werden auch die darin transportierten und transponierten Normen, Werte, Konventionen, Routinen usf. umgedeutet, Handlungs- und Verhaltensmuster also, die das alltägliche Leben bestimmen. Die Krise um die Rolle und Funktion der Geschlechter innerhalb der Gesellschaft beispielsweise führte ultimativ zur Emanzipation der Frauen. Kleidungsnormen wurden aufgelöst, dann folgten Verhaltensnormen, die das Ausleben der Sexualität und das Gepräge von Partnerschaften betrafen. An diesem Beispiel sieht man, wie heilsam eine Krise für eine Gesellschaft sein kann, wenn sie hilft, überkommene Strukturen der Alltäglichkeit aufzulösen. Die recht aktuelle und teils völlig absurde Debatte um die Auflösung des Geschlechtsbegriffs durch dessen Abkopplung von der biologischen Faktizität mag dagegen negativere Folgen zeitigen, wenn man die hieraus abgeleitete Forderung in den Blick nimmt, auch die Erziehung von der biologischen Wirklichkeit abzukoppeln, d.h. Jungen und

Mädchen trotz ihrer offensichtlichen Verschiedenheit gemäß eines ideologischen Ideals – d.i. der geschlechtsneutrale Mensch – zwangsweise zu konditionieren und abweichendes Verhalten zu sanktionieren.

15.2 2. Phase: Revolte/ Rebellion

Unsere Beispiele verweisen bereits auf die zweite Phase soziale/politischer Krisen. Nachdem nämlich das alltägliche Narrativ ganz oder teilweise aufgelöst bzw. umgewertet wurde, beginnen sich besagte neue Verhaltensstandards zu etablieren: Zunächst werden diese neuen Verhaltensweisen als „revolutionär" (das Bestehende umwälzend) interpretiert und stacheln darin die womöglich noch unterirdisch schwelende Kontroverse an, bzw. bringen sie zum vollen Ausbruch. Entsprechende Subsysteme sind hier die treibenden Kräfte. Diese Subsysteme haben sich in Folge einer latenten Krise gegen die herrschende Alltäglichkeit konstituiert und wirken nun innerhalb der Krise katalytisch. Ihre Etablierung ist gleichsam die Manifestation der Möglichkeit einer bislang nur gedanklich vorbereiteten und/oder offen unterdrückten neuen Alltäglichkeit.

Die Reaktionen auf die revolutionären Verhaltensweisen fallen unterschiedlich aus. In den westlich-freiheitlichen Systemen zeitigen sie oft eine größere Debatte im öffentlichen Raum, wobei diese Debatte trotz scheinbar konträrer Meinungen bereits das Siegel impliziter Zustimmung (Konsens) in sich trägt. Etwas, worüber man kontroverse Meinungen haben kann, ist in gewisser Hinsicht bereits Teil der gesellschaftlichen Alltäglichkeit geworden, sei es als Potenz oder als Negativum. Im Falle einer *echten* sozialen/politischen Krise wird es bei besagtem Diskurs nicht bleiben. Den neuen Verhaltensmustern werden gegenläufige oder kongruierende Handlungsmuster entgegen- oder beigestellt. Der Aufstieg radikaler politischer Bewegungen bis zu deren Machtergreifung in beispielsweise Deutschland (nationalsozialistische

Revolution), Frankreich (französische Revolution) oder Russland (bolschewistische Revolution) geben hier hervorragendes Anschauungsmaterial ab, desgleichen soziale Krisen wie etwa die sog. sexuelle Revolution der 68er-Bewegung usf.

Als Beispiel für ein *entgegengesetztes, d.h. nicht verändernd wollendes, doch nichtsdestotrotz revolutionäres* Verhalten kann die massenhafte Flucht aus der ehemaligen DDR angeführt werden. Die politische Umwälzung nach dem Krieg führte zur Etablierung einer neuen Alltäglichkeit, die von einem Teil der Bevölkerung (Subsystem) nicht getragen wurde. Die entsprechenden Subsysteme wurden vom sozialen Raum so effektiv unterdrückt, dass eine offene Opposition nicht entstehen konnte. Den Unzufriedenen blieb zu schweigen oder sich aus dem System zu entfernen – erst inwendig, dann physisch.

Ähnliche Bewegungen finden wir im religiösen Bereich in Europa. Man denke nur die sog. Pilgrims des 15. Jhds., die ihrer europäischen Heimat den Rücken kehrten, um sich und ihrer Weise des Lebens und Glaubens eine Neue Welt zu gewinnen. Ihre Flucht ins Unbekannte war eine kriseninduzierte Ausweichbewegung, wobei die Krise eben nur jenen Teil des sozialen Raums betraf, in welchem sich ihr Subsystem in Opposition mit der vorherrschenden Alltäglichkeit konstituiert hatte.

15.3 3. Phase: Ausrottung, Angleichung, Anpassung, Absorption

Sofern sich die *neue* Alltäglichkeit innerhalb der Machtstrukturen des sozialen Raums als neuer Standard desselben konstituiert hat, wird dieser in einem letzten Schritt die verbleibenden Oppositionsnester zu beseitigen suchen, um die eigene Vorherrschaft zu verfestigen. Dies kann mehr oder weniger gewaltsam, teilweise auch völlig friedlich vonstatten gehen. Im letztgenannten Fall findet eine Annäherung zwischen alter und neuer Alltäglichkeit statt, die zur Mäßigung der neuen und zur Kompromissbereitschaft der alten beiträgt.

Beim einem krisenhaft-revolutionärem Umbruch – oft verbunden mit Bürgerkrieg oder bürgerkriegsähnlichen Zuständen – haben wir es dagegen meist mit Verhaftungen, Berufsverboten, Verbannungen bis hin zum staatlich organisierten Massenmord unter dem Zeichen des neuen <u>Rechts</u> zu tun. Die Geschichte ist voll von Beispielen für beide Arten der Übergangs- und Finalisierungsphasen, weswegen ich hier auf eine weitere Nennung verzichten kann.

Alternativ und weit häufiger wird die politische/soziale Krise vom sozialen Raum in einem Anpassungsprozess strukturell absorbiert, wobei die neue Alltäglichkeit zuerst als akzeptierte Nische in die vorherrschenden Narrative eingegliedert wird. Beispiele hierfür sind die rechtliche Gleichstellung von Homosexuellen, das Frauenwahlrecht, die Gleichstellung ethnischer Minderheiten, Tierrechte usf.

16 Moralische Krisen/Wertewandel

Die soziale/politische Krise kann auch Folge oder Ursache einer rein moralischen oder Wertekrise sein, bzw. mit einer solchen zusammenhängen. Politische oder sozialen Veränderungen in einem sozialen Raum gehen fast immer mit Veränderungen der diesem Raum zugrundeliegenden Werte einher. Werte, die die Alltäglichkeit unterfüttern, verändern jene, wenn sie sich wandeln oder umgekehrt. Unter Werten verstehen wir geistige Prinzipien, die Normen, Konventionen, dem allgemein akzeptierten Ethos usf. zugrunde liegen. Wo ein Wertewandel sich zur (moralischen) Krise aufgeschaukelt hat, sehen wir den sozialen Raum in höchstem Aufruhr und größter Gefahr. Was kaum eine Naturkatastrophe, noch eine soziale Krise fertig zubringen im Stande ist – die komplette und irreversible Vernichtung eines sozialen Raums –, das vermag die moralische oder Wertekrise. Die Quelle ihrer Macht liegt in den Agenten ihrer Wirkung, die gleichsam deren

Opfer sind: Das Gros der Bevölkerung eines sozialen Raums ist zugleich Träger und Opfer eines Wertewandels in ihm.

Nehmen wir an, der soziale Raum ist ein Organismus gegen den sich die Krise wie eine Krankheit verhält; die soziale Krise stellt eine Art handlungsstörender Verwirrung dar, eine (temporäre) geistige Erkrankung; die Wertekrise aber negiert in ihrer höchsten Potenz den Lebenswillens des gesamten Organismus. Konsequent führt sie als krisenhafter Wandel zur Selbstzerstörung des sozialen Raums. Die moralische Krise vereint in sich Aspekte der sozialen und natürlichen Krise und potenziert diese durch die radikale Verallgemeinerung ihres Wirkungskreises auf die gedanklichen Grundlagen der Individuen und deren Wirklichkeitskonzeption. Die moralische Krise erfasst nicht nur einen Teil des sozialen Raums, sondern diesen im Ganzen und fundamental.

Man darf nicht den Fehler begehen, eine moralische Krise mit einem moralischen Problem zu verwechseln. Ein einzelner Sachverhalt mag zu verschiedenen Zeiten und unter verschiedenen Umständen ethisch anders bewertet werden. In unserer Gesellschaft ist es die Institution des Rechts, die die moralischen Ansichten der Bevölkerung abbilden. Doch dieser Maßstab ist keineswegs so fest, wie es wünschenswert wäre. Abtreibungen sind heutzutage beispielsweise in weiten Teilen der westlichen Welt entweder legal oder doch zumindest straffrei. Zudem würde niemand heute einer Frau, die abgetrieben hat, ernsthaft unterstellen, sie sei „böse", d.h. moralisch verwerflich. Auf der anderen Seite agieren Banken und Versicherungen streng innerhalb gesetzlicher Normen. Trotzdem gilt ihr Tun in Teilen der Gesellschaft als anstößig und unmoralisch.

Eine Krise des grundlegenden moralischen Konsens innerhalb eines sozialen Raums. Es geht hier nicht mehr darum, festzustellen, ob ein bestimmter Sachverhalt als gut oder schlecht zu beurteilen ist. Sondern die Fähigkeit und der Wille diese Unterscheidung überhaupt noch zu treffen, geschweige denn, sich an die gewonnen Urteile zu halten, erodiert. Wir sprechen vom Nihilismus. Der

Auflösung der Wert- folgt die der Sinnstrukturen. In seiner als sinnlos empfundenen (sozialen) Welt verdorrt der Wille zum Leben und verkehrt sich endlich zu einer Art gesellschaftlich vermittelten Todestriebes: Die Grundbedürfnisse der 1. und 2. Klasse stehen bald selbst zur Disposition. Der soziale Raum zerstört sich bewusst oder unbewusst unter teils dramatischer Verminderung der Zahl seiner Mitglieder, bis ein Vakuum ausreichender Größe entstanden ist, in welchem sich ein neuer sozialer Raum mit neuer Alltäglichkeit und neuer Wertegrundlage etabliert. Wir haben die Morphologie dieses Untergangs bereits weiter oben verhandelt.

Zusammenfassung

Krisen der 3. Klassen bedürfen unserer besonderen Aufmerksamkeit, weil sie vor allem dann unterschätzt werden, wenn sie nicht direkt die Bedürfnissphären der 1. und 2. Klasse berühren. Gerade in modernen Gesellschaften spielt der soziale Raum eine dominierende Rolle. Der Raum kann dabei selbst verschiedene, teilweise in verschiedenen Phasen der Krise sich widersprechende Rollen einnehmen. Er kann Ursache, Träger und Opfer einer Krise sein. Der Einzelne ist den Erschütterungen des ihn beherbergenden sozialen Raums schutzlos ausgeliefert. Dies ist besonders dann gefährlich, wenn die Erosion nicht direkt, sondern indirekt Bedürfnisse der ersten beiden Klassen antastet. So kann er unwissend einer Krise zum Opfer fallen, die er womöglich selbst mit verursacht hat. Es ist daher wichtig, Veränderungen im sozialen Raum aufmerksam und möglichst vorbehaltlos zu analysieren; das Gerede innerhalb des sozialen Raum ist dabei nur bedingt als Informationsquelle verwertbar, da die angeschnittenen Themen sowie deren Beurteilung selbst Teil der gesellschaftlichen Alltäglichkeit und des je vorherrschenden Narrativs sind, durch die der soziale Raum sich gegen die Krise zu schützen sucht, indem er sie leugnet, marginalisiert, thematisch ablenkt oder einfach verschweigt.